Dieta DR REY

Dr. Robert Rey
Coautor: EDUARDO INFANTE

A única dieta que realmente funciona!
Emagreça, perca a barriga e seja saudável!

1ª Edição
2019

São Paulo-SP
Brasil

Copyright © 2019 do Autor

Todos os direitos desta edição reservados à
Prata Editora (Prata Editora e Distribuidora Ltda.)

Editor-Chefe: Eduardo Infante

Projeto Gráfico de miolo e capa: Julio Portellada

Diagramação: Estúdio Kenosis

Preparação e Revisão de Texto: Flávia Cristina de Araujo

Fotos: Acervo do autor

Dados Internacionais de Catalogação na Publicação (CIP)
(Câmara Brasileira do Livro, SP, Brasil)

Rey, Robert
  Dieta Dr. Rey : a única dieta que realmente funciona!! Emagreça, perca a barriga e seja saudável! / Robert Rey ; coautor Eduardo Infante. -- 1. ed. -- São Paulo : Prata Editora, 2019.

  ISBN 978-85-86307-72-0

  1. Alimentos 2. Dietas para emagrecer 3. Hábitos alimentares 4. Nutrição 5. Saúde - Aspectos nutricionais 6. Vida saudável I. Infante, Eduardo. II. Título.

19-30421   CDD-613.25

Índices para catálogo sistemático:

1. Dieta de emagrecimento : Nutrição : Promoção da saúde 613.25

Maria Paula C. Riyuzo - Bibliotecária - CRB-8/7639

Prata Editora e Distribuidora
www.prataeditora.com.br
facebook/prata editora

Todos os direitos reservados ao autor, de acordo com a legislação em vigor. Proibida a reprodução total ou parcial desta obra, por qualquer meio de reprodução ou cópia, falada, escrita ou eletrônica, inclusive transformação em apostila, textos comerciais, publicação em websites etc., sem a autorização expressa e por escrito do autor. Os infratores estarão sujeitos às penalidades previstas na lei.

Impresso no Brasil/*Printed in Brasil*

Dedico este livro às minhas pacientes e aos meus pacientes e a todas as pessoas que precisam elevar a sua autoestima.

Que este livro seja uma ajuda e um incentivo para que você alcance todos os objetivos que sonhar!

Inscreva-se no canal do Dr. Rey no Youtube.
Tudo sobre saúde, beleza, dieta e vida saudável!
Já são mais de um milhão de inscritos!

 Youtube.com/c/DrReyVideos

Siga Dr. Rey nas redes sociais:

@DrRobertRey @DrRobertRey @RobertReyMD

Sumário

Introdução..13

Capítulo 1 – Dieta paleolítica – a base da Dieta Dr. Rey......................15

Capítulo 2 – Como é a Dieta Dr. Rey?..23

Capítulo 3 – Jejum – uma importante ferramenta da Dieta Dr. Rey............35

Capítulo 4 – Barriga inchada – pode não ser gordura........................41

Capítulo 5 – Suplementação necessária..47

Capítulo 6 – Bebidas – o que beber e o que não beber para manter a dieta.....57

Capítulo 7 – Alimentos que você precisa consumir.........................65

Capítulo 8 – Alimentos que você não deve consumir (de jeito algum).........75

Capítulo 9 – Cardápio Dieta Dr. Rey para a sua semana.....................87

Capítulo 10 – Receitas Dr. Rey para sua dieta...............................103

Capítulo 11 – Exercícios físicos para complementar seu programa de saúde.....113

Sobre os autores..125

Introdução

TODOS NÓS QUEREMOS FICAR MAGROS, saudáveis e sem barriga, não é? O segredo para tudo na vida é disciplina! Fazer uma dieta não costuma ser fácil e somente a força de vontade pode levá-lo aonde você quiser. É comum ser tentado por comidas deliciosas e pelos "sabotadores" de dietas, como esposa, marido, parentes ou amigos que ficam induzindo você o tempo inteiro, dizendo coisas como: "deixe de ser bobo, está uma delícia!", "se você comer com vontade, não vai engordar!".

Por que a **Dieta Dr. Rey** funciona? Como dizem os norte-americanos "*simplify, simplify, simplify!*" (simplifique, simplifique, simplifique!). As coisas mais simples costumam ser as mais eficientes. A **Dieta Dr. Rey** é simples e direta. Você come o que precisa para viver bem e saudável, na quantidade certa, e mantém o seu corpo em forma. Se você estiver acima do peso, entrará em forma rapidamente. Mas é preciso ter força de vontade e seguir a dieta corretamente, sem desculpas!

Dieta é uma das coisas que mais requer disciplina na vida, e está diretamente relacionada a fazer as coisas certas para o seu corpo, como manter boa postura, praticar exercícios regularmente, e também para a sua vida, como ser um bom profissional, um bom pai ou mãe, um bom filho ou filha, enfim, uma boa pessoa. É uma disciplina feroz — de corpo e mente —, e vale a pena!

Todos nós somos muito ocupados. Por essa razão, não vou fazer você perder o seu tempo. Eu coloquei neste livro informações importantíssimas, mas de maneira simples, para que você possa compreender rapidamente e, com isso, economizar o seu tempo tanto nesta leitura quanto na transformação da sua vida! TUDO O QUE EU PEÇO A VOCÊ É COMPROMETIMENTO! É só isso que você vai precisar. O "como fazer" para você emagrecer e ter uma vida mais saudável, deixe que eu vou lhe explicar neste livro!

Cuidar do corpo é vital! Eu adoro aquela carta que São Paulo escreve para São Timóteo, na qual ele fala que "a pessoa que não cuida do seu templo, será destruída...". Ao começar a ler este versículo pela primeira vez, pensei que ele estava se referindo a um edifício. Mas ele termina o versículo dizendo: "porque você é o templo de Deus".

Boa leitura e não se esqueça: "devore" este livro, siga o que eu explico e alcance seus objetivos! DESISTIR NÃO É UMA OPÇÃO!

Dr. Robert Rey

Dieta paleolítica, a base da Dieta Dr. Rey

O PROBLEMA DE ESTAR ACIMA do peso inclui, muito antes da estética, a saúde. A gordura traz todas as doenças da Síndrome X, também conhecidas como doenças modernas, que são: falta de libido, perda de cabelo, impotência, problemas de pele como estrias e celulite, problemas cardíacos, diabetes, fibromialgia, doenças autoimunes, entre outras. Todas essas disfunções são causadas diretamente pelos nossos hábitos alimentares. Um dos maiores fatores de risco para a saúde na atualidade é o excesso de peso, a obesidade. Comida não é a solução, comida é o problema!

Com tantos restaurantes estrangeiros atualmente no Brasil, o IBGE divulgou que em oito anos o brasileiro vai estar como o norte-americano, cerca de 67% acima do peso. Na verdade, quase 30% da população dos Estados Unidos está obesa. O Brasil está indo na mesma direção, em minha opinião, boa parte por influência das redes de *fast-food* vindas de fora.

Em razão desse panorama nutricional nada bom, é cada vez mais constante as pessoas me perguntarem: Dr. Rey, qual é a melhor dieta do mundo? Qual é a dieta mais eficaz? Qual é a dieta que você segue para se manter sempre em forma? O que eu vou dizer agora vai fazer você cair da cadeira: todas as dietas fracassam!

Ao seguir qualquer tipo de dieta você vai perceber que, nas duas primeiras semanas, seu peso reduziu. E isso parece ótimo! Mas, na verdade, o que ocorreu é que você estava desidratando! Não é que a dieta funcionou imediatamente, você estava simplesmente desinchando! Então, você passa a notar que na terceira semana, não só parou de perder peso como pode ter ficado ainda mais pesado do que antes de começar a dieta!

Todas as dietas falham, acredite! Sempre surgem dietas da moda, cujos nomes eu não vou citar, mas vou dar exemplos. Houve uma dieta muito famosa nos Estados Unidos, que depois veio para o Brasil, e pregava o consumo de 30% de gordura na alimentação diária! Isso é capaz de fazer um coração parar! Parece até piada! Houve também a moda da dieta baseada em carboidratos, da dieta que pregava não comer frutas e muitas outras que beiravam o absurdo (ou passavam dele!). Na verdade, só existe uma dieta que realmente funciona! Então, preste muita atenção, pois eu vou ensiná-la para você!

Eu vou começar contando uma história. Eu estive na África, em uma missão médica humanitária, numa região do país onde os habitantes, na sua maioria, são altos, magros e estão sempre sorrindo (com dentes bem brancos e perfeitos!). Eu vi senhoras que aparentavam 63 anos de idade, e que, na verdade, tinham mais de 80! A incidência de câncer de mama era zero ou quase zero e as doenças cardíacas também eram raríssimas. Enfim, é um povo muito saudável.

Essa região chama-se Kwa-Zulu Natal, uma província da África do Sul. Nas várias vezes em que estive por lá, encontrei esse grupo de tribos e pude constatar qual é a única dieta que realmente funciona!

Nesse lugar, além de todos serem magros e viverem alegres, é comum algumas pessoas passarem dos 100 anos de idade. Os hábitos alimentares ali são muito saudáveis, totalmente compatíveis com uma dieta praticada no mundo há milhares de anos. Ela é denominada dieta paleolítica, e não foi inventada por mim, claro, mas eu a tomei como base e a modifiquei, deixando-a mais fácil de "suportar", pois, originalmente, ela requer hábitos alimentares muito radicais para os dias de hoje e pouquíssimas pessoas têm a força de vontade necessária para segui-la por muito tempo, da maneira correta. É uma dieta ótima, mas que vai testar a sua determinação de tal maneira que a maior probabilidade é de que você desista em pouco tempo.

Na dieta paleolítica ou simplesmente "dieta paleo", como é mais conhecida, um dos problemas é que não se indica o consumo de sucos — nenhum deles. Mesmo vivendo em um lugar quente, como por exemplo a Amazônia, se você consumir um suco, não estará seguindo corretamente esta dieta. Os mais puristas seguidores da dieta paleo rejeitam até o consumo do mel! Outros rejeitam até frutas! Então, isso não é sustentável para muitas pessoas.

Por essa razão, tendo como base a milenar dieta paleo, eu criei a DIETA DR. REY, incluindo vários elementos que formam uma dieta sustentável, viável por anos ou mesmo por toda a sua vida, o que é infinitamente melhor. A dieta paleolítica pura funciona bem, mas é insustentável para a maioria das pessoas.

Primeiro, vamos falar da dieta paleolítica original. O que significa paleolítica? O termo vem da "era Paleolítica", período em que nossos ancestrais viviam nas cavernas e se alimentavam basicamente da caça de animais e da coleta de vegetais nativos de cada região. Mas esse comportamento alimentar continuou sendo praticado por milênios. Na Bíblia, tanto no Velho quanto no Novo Testamento, encontramos diversos relatos que mostram que a dieta paleolítica era seguida por muitos.

Moisés cultivava a terra e plantava trigo? Não! Moisés era nômade, caminhando pela Judeia, onde hoje fica Israel. Veja só, essa dieta já era praticada nos tempos bíblicos!

Depois do período Paleolítico, houve o Neolítico, quando surgiu a agricultura, o que, na verdade, é o início do problema nutricional da população nos dias de hoje.

A dieta paleolítica no período pré-colombiano

Antes da chegada dos europeus ao continente americano, os indígenas se alimentavam seguindo a dieta paleolítica, que é muito simples. Eles comiam em intervalos pequenos, e tinham como base carnes e vegetais. Simples, não é mesmo?

Eu não quero aqui ofender a ninguém que segue uma dieta apenas à base de vegetais, como os veganos ou mesmo os vegetarianos, mas nós, seres humanos, não somos naturalmente vegetarianos. O que Jesus deu para alimentar os 5.000? Ele deu peixe e pão de centeio. O que Moisés deu para alimentar os 2,5 milhões de judeus que saíram do Egito? Codorna e maná, que é uma plantinha do deserto de Israel. Então, veja que até na Bíblia podemos encontrar exemplos dos profetas, apóstolos e muitos outros, incluindo o próprio Jesus, que consumiam carne e vegetais. Nós não somos seres vegetarianos!

Muitas pessoas afirmam que é possível ser saudável apenas consumindo proteína vegetal. Infelizmente, isso não é verdade. E tem a ver com a concentração das proteínas nos vegetais.

Nós, seres humanos, precisamos de oito aminoácidos essenciais para a nossa vida. Nosso corpo não consegue produzir esses aminoácidos e, por esse motivo, precisamos ingeri-los, prontos. Os bovinos, por exemplo, que possuem quatro estômagos, podem produzir esses aminoácidos, mas nós não. Alguns vegetais, como a soja, realmente podem nos fornecer esses aminoácidos, MAS NA CONCENTRAÇÃO ERRADA!

Então, os aminoácidos essenciais têm que vir de produtos de origem animal, não só da carne, que é a principal fonte de proteínas necessárias para a nossa saúde. É possível também obter proteína de boa qualidade em alimentos como o ovo (ótima proteína!), e até no queijo (este, porém, não muito recomendável).

Nós somos mais parecidos com os ursos, no que diz respeito à alimentação. Somos, por definição, animais onívoros, pois precisamos de frutas, vegetais e também de carnes.

A dieta paleo também é conhecida por outros nomes, como "dieta do homem das cavernas", "dieta da idade da pedra" e "dieta do caçador". A base dessa dieta, como já mencionei, são vegetais e carnes vermelhas e brancas em geral (aves e peixes), vegetais, raízes, frutas e oleaginosas, como as nozes. Em um passado distante, quando éramos caçadores, mas também extraíamos da natureza alguns elementos vegetais, ingeríamos mais de 100 tipos diferentes de carnes e vegetais.

De acordo com o Dr. Loren Cordain, professor da Universidade de Harvard e autor do livro *The Paleo Diet*, e o Dr. Deidre Barret, autor do livro *American Waistland*, o homem da era Paleolítica não comia muitos grãos. As evidências sugerem que a dieta dos nossos ancestrais não incluía grãos nem legumes (vegetais provenientes de vagens, como o feijão e o amendoim), derivados de leite, sal, açúcar e óleos.

Estima-se que a partir do período seguinte, o Neolítico, 97% dos vegetais consumidos pelos seres humanos foram abolidos. Os que permaneceram foram escolhidos porque eram os mais fáceis para armazenar. Com o passar dos séculos, esses alimentos foram sendo modificados, para que se tornassem visualmente mais atrativos, mais saborosos e mais facilmente cultiváveis e armazenáveis. Em razão desse processo, os alimentos modificados tornaram-se capazes de elevar muito o nível de açúcar no nosso organismo, tiveram um grande incremento na quantidade de carboidratos e ainda passaram a ser muito menos nutritivos.

Grãos, tubérculos e legumes foram inseridos na nossa dieta por serem facilmente armazenáveis, mas eles contêm uma substância chamada lectina, que, se consumida em excesso, torna-se nociva.

O excesso de lectinas pode danificar a parede intestinal, aumentando a sua permeabilidade, o que possibilita a vazão de bactérias no sistema circulatório. Se você tem uma dieta rica em lectina, as bactérias e toxinas provenientes de comidas estragadas que sejam eventualmente ingeridas poderão ser mais facilmente absorvidas no sangue, o que acaba afetando o sistema imunológico. Isso é realmente muito sério! A ingestão excessiva de lectina pode causar câncer, diabetes, asma, esclerose múltipla, hipertensão e doenças autoimunes entre outras. É assustador!

Em todos esses anos como cirurgião e até nos meus programas na televisão eu tenho falado para vocês seguirem a dieta paleo mas, como eu disse, ela não é sustentável para muitas pessoas. Você vai enlouquecer em uma luta diária para não desistir! Foi por essa razão que eu modifiquei a dieta paleo e criei a **Dieta Dr. Rey**, que é sustentável — estou certo de que a grande maioria das pessoas vai conseguir seguir. É claro que, como tudo na vida que requer esforço, você precisa ter determinação e disciplina.

Como já mencionei, nós seres humanos, somos onívoros, ou seja, nos alimentamos tanto de carnes quanto de vegetais. Como os ursos, precisamos de frutas, vegetais e proteínas de origem animal. Mas, convenhamos, os tempos mudaram, e nosso paladar é muito diferente do paladar dos índios pré-colombianos. Você quer algum sabor na sua comida, não é mesmo? Então está na hora de você emagrecer, com uma alimentação e um estilo de vida mais saudáveis. Agora você vai conhecer a **Dieta Dr. Rey**, a dieta que vai mudar o seu estilo de vida!

>
> Nós somos onívoros.
> Precisamos ingerir
> carnes e vegetais
> para vivermos saudáveis.

Como é a Dieta Dr. Rey?

COMO JÁ MENCIONADO, A DIETA DR. REY é baseada na dieta paleolítica, ou seja, as refeições básicas são compostas de proteína animal e vegetal. Mas não é só isso! Eu quis criar uma dieta que fosse sustentável, que qualquer pessoa pudesse seguir sem entrar em "desespero" e começar a "atacar" a geladeira às três da manhã de tanta fome ou ansiedade em busca de doces!

A **Dieta Dr. Rey** combina tudo de bom da dieta paleolítica com a oportunidade de dar umas "fugidinhas"! A dieta paleo convencional é muito pesada e a grande maioria das pessoas não consegue segui-la corretamente!

Como vocês sabem, eu tenho quase 60 anos e estou em ótima forma. A razão é que eu vivo a dieta que eu criei, desde que comecei na escola de medicina. Eu comecei a mudar de vida fazendo a dieta paleo, mas ela é praticamente impossível de se manter! Se você começar a fazer, em três meses eu garanto que vai atacar a geladeira às duas da manhã e tomar todo o sorvete que encontrar lá! E isso vai destruir os seus hábitos saudáveis por no mínimo seis meses.

Proteína animal – base da Dieta Dr. Rey

A proteína animal alimenta, fornece nutrientes vitais e não engorda. Você já percebeu que a maioria dos animais carnívoros são magros? E sabe por quê? Vou dar um exemplo simples: imagine um pedaço de carne que tenha, digamos, 200 calorias. Você come esse pedaço de carne e ingere as 200 calorias, mas o sistema digestivo vai levar cerca de 24 horas e gastar algo em torno de 400 calorias para fazer a digestão! É matemático! Faça as contas! Você perde 200 calorias apenas por ingerir carne, sem fazer força nem exercícios, nem nada cansativo. Não é bom? Mas o melhor é que, além de perder calorias, você ficou com toda a carga nutricional da carne — proteína, fibras, aminoácidos essenciais, sais minerais etc. A carne queima calorias!

Esse é um dos grandes "segredos" da **Dieta Dr. Rey** — COMER CARNE É SAUDÁVEL E EMAGRECE. Agora você já pode comer a sua picanha no churrasco de domingo, sem peso na consciência!

Uma das provas irrefutáveis de que o consumo de carne é saudável e emagrece é o fato de que a grande maioria dos animais carnívoros são magros, enquanto boa parte daqueles que só comem vegetais são gordos. Veja o exemplo dos primatas mais parecidos com os seres humanos. O orangotango é um primata com uma barriga enorme e come basicamente frutas, folhas, cascas de árvore e insetos, mas estes em quantidade pequena. Já o babuíno, é bem magro. Isso porque ele é onívoro, ou seja, come de tudo — vegetais e carne.

O leão, o leopardo, a onça, o lince e o tigre, entre outros carnívoros, são animais magros. São musculosos, mas magros. E animais herbívoros como o hipopótamo e o rinoceronte são gordos. Até a girafa, que se alimenta basicamente de folhas, tem um estômago enorme!

Eu amo os animais. A minha casa está cheia de cachorros resgatados da rua. Temos cachorros velhinhos, paralíticos, enfim, nós temos de tudo em casa. O último cachorro que resgatamos foi encontrado nas ruas do México. Eu amo os bichinhos, mas, me desculpem, nós, seres humanos, não somos vegetarianos!

Eu falo como médico. Há nove aminoácidos essenciais não podem ser produzidos por nós, seres humanos. Além disso, proteína é termogênica. A proteína queima a gordura! É importante já começar o dia com proteína, não necessariamente consumindo carne, mas ovos são uma boa alternativa pela manhã!

Muitas pessoas dizem que a soja tem todos os aminoácidos essenciais. Isso é verdade, mas na concentração errada! E a concentração também é importante. Por exemplo, você pode ter uma pilha de tijolos, um monte de areia, um monte de cimento, mas pode construir uma casa se tiver apenas três gotas de água? Não! Então, o que falta nesses alimentos ricos em proteína vegetal quase tanto quanto os que contêm proteína animal? Lisina! Tem pouca quantidade, insuficiente para criar músculos.

Por que os músculos são tão importantes no homem e na mulher? Tônus na mulher, músculo no homem. Pense em dois trens parados em uma estação ferroviária, lado a lado. Um tem uma locomotiva enorme e o outro, tem uma locomotiva pequena. Eles estão parados, mas ligados, para aquecer o motor. Mesmo parados, qual trem gasta mais combustível: o com a locomotiva enorme ou o que tem a locomotiva menor? É claro que o que tem o motor maior é que gasta mais combustível! Os músculos queimam calorias durante o seu sono! Por isso são importantíssimos os músculos no homem e o tônus muscular na mulher.

Então, se a carne alimenta e ajuda a emagrecer, por que temos que comer uma porção de carne e três porções de frutas e vegetais nas refeições da **Dieta Dr. Rey**?

Quem come carne precisa de frutas e vegetais

Um problema em dietas com altos níveis de proteína é que os aminoácidos contidos nos alimentos de origem animal, especialmente a carne, fazem com que o organismo fique mais ácido. Essa é uma das maiores falhas em dietas como a Atkins, por exemplo, baseada em alto consumo de proteínas, e sem a ingestão de frutas de forma alguma. Esse tipo de alimentação desequilibra os níveis de pH do corpo, ou seja, aumenta a sua acidez. Frutas e vegetais fazem com que nosso organismo fique alcalino (básico). O organismo alcalino é saudável, enquanto um organismo com pH ácido é um convite às doenças. Quem consome carne vermelha e branca (peixe e frango) chega a triplicar a acidez do corpo, em comparação com quem ingere uma quantidade similar de frutas. Por essa razão, para cada porção de carne que ingerimos, precisamos de três porções de volume equivalente de frutas e vegetais.

Veja como Deus é sábio. O leão come primeiro qual parte da zebra? O estômago! E por quê? Porque dentro do estômago da zebra tem vegetais! A própria natureza dá esse exemplo. Então, também precisamos comer vegetais porque eles equilibram o Ph da carne em nosso organismo. Uma refeição com carne, vegetais e frutas é a comida de Deus!

Para você que vai seguir a **Dieta Dr. Rey**, eu recomendo uma refeição com Ph equilibrado (carne e vegetais), com ótimos níveis de proteína, fibras, sais minerais e que ainda faz você emagrecer de forma saudável, mantendo uma boa forma física. É a dieta mais indicada para quem pratica atividades físicas, pois os nossos músculos precisam de proteína para manter o tônus muscular e para crescerem (hipertrofia muscular).

Como é a rotina de alimentação da Dieta Dr. Rey?

Em primeiro lugar, você não pode ficar muito tempo sem comer. Então, a cada três ou quatro horas, é preciso ingerir algum alimento, porque o glicogênio do seu fígado só dura quatro horas e depois o corpo começa a "comer" os seus músculos, em vez da gordura. Isso deve ser desconsiderado apenas no caso da necessidade do jejum, explicado mais adiante.

A maioria das pessoas acredita que passando fome ou comendo quase nada sempre, consegue queimar gordura rapidamente. Isso não é verdade, pois, antes de consumir a gordura da sua barriga, o corpo faz o chamado "catabolismo muscular", ou seja, "ataca" os seus músculos, deteriorando-os, para fornecer energia ao seu organismo. Isso é não é eficiente de modo algum para que o seu corpo funcione de maneira saudável e para que você consiga perder gordura, seja na barriga ou em outra parte do corpo.

Eu quero que você coma corretamente no máximo a cada quatro horas. Quanto mais tempo entre as refeições, mais o seu cérebro comanda o armazenamento de calorias. Quando existe uma entrada constante de calorias, o corpo não armazena, não cria gordura. Dessa forma, os alimentos simplesmente passam pelo nosso organismo, deixam os nutrientes necessários e a maior parte é rapidamente eliminada, não acontecendo o armazenamento de calorias. Ou seja, você fica bem nutrido e não engorda! Todas as pessoas em forma que você conhece, o "bonitão" ou a menina linda da sua academia, certamente comem a cada três ou quatro horas. E também quero que você passe a consumir proteína animal, caso ainda não o faça.

Então, você precisa ingerir algum alimento com proteína animal a cada quatro horas, no máximo. Pode ser carne bovina, peixe, frango, ovos ou mesmo queijo sem gordura (apesar de ser uma das piores opções!). O importante é que você consuma a proteína animal para poder ter mais músculos no corpo.

Os músculos são necessários para que você consiga perder peso enquanto dorme. O seu alvo de consumo, principalmente de carne e ovos, deve ser cerca de 200 g por dia. O cálculo exato são 2 g de proteína para cada quilo que você pesa. Então, por exemplo, se você pesa 70 kg, sua necessidade diária de consumo de proteína será 140 g, mas não tem problema se ingerir um pouco mais. Por essa razão, 200 g de proteína é uma boa quantidade para ser ingerida diariamente por todos que estejam fazendo a **Dieta Dr. Rey**.

Juntamente com a proteína animal, que deve ser consumida a cada quatro horas, você precisa ingerir frutas e vegetais. A ingestão de proteína animal, frutas e vegetais deve seguir uma proporção adequada, para que a sua alimentação seja bem balanceada.

Dessa forma, a cada quatro horas, coma o equivalente a uma mão de proteína de animal e três mãos de frutas e vegetais. Eu não quero usar o termo "legume", porque, estritamente falando, legume significa

um fruto que vem de uma vagem. O problema com alimentos que vêm de uma vagem é que eles contêm fitoestrogênio. E o que aumenta o risco do câncer de mama? Estrogênio! O que feminiza os homens hoje em dia? Estrogênio!

Eu posso dar umas "escapadas" da Dieta Dr. Rey e continuar emagrecendo?

Como um experiente cirurgião plástico, que atua há mais de 28 anos, eu operei seis medalhistas olímpicos. Para falar a verdade, em Pequim, sem mencionar nomes, eu posso dizer que alguns seios que eu reconstruí cruzaram a linha de chegada em primeiro lugar! Vocês não acham que eu deveria ganhar uma medalha de ouro também? Essa história é realmente verdadeira!

Mesmo entre as minhas atletas campeãs olímpicas, a melhor que eu tive só era fiel à dieta 75% do tempo. Ninguém é 100% fiel à dieta. Ninguém! Mas há uma vantagem nisso! Nós sempre subestimamos a natureza, porque "trapacear" nas regras da dieta é, na verdade, necessário!

Você precisa de alguns elementos nutritivos, elementos químicos, em pequenas quantidades. E esses elementos muitas vezes são encontrados em alimentos que você raramente come. Mesmo assim, eles são essenciais para o bom funcionamento do organismo. Algumas doenças graves acontecem pela falta de elementos que são residuais no organismo. Por que, às vezes, parece que nosso corpo "pede" por alimentos diferentes e acabamos comendo coisas como um monte de tâmaras?

Por essas razões, entre as modificações que fiz na dieta paleo para transformá-la na **Dieta Dr. Rey** está uma "autorização oficial" para você dar aquela "fugidinha" da dieta, uma vez por semana! Você escolhe o dia de sua preferência e, em uma das refeições (e quem sabe um pouco mais), poderá comer o que quiser! Isso mesmo, qualquer coisa que tenha em casa! Pode comer feijoada, se quiser!

Isso mesmo! Eu vou dar meio dia da semana para que você possa sair da dieta do jeito que quiser! Isso é científico? Sim, isso é muito científico, porque os elementos residuais dos quais precisamos, você vai encontrar naquele pedaço de pizza ou naquela barra de chocolate. Eu vou deixar você fazer isso!

Eu vou dar um exemplo bizarro! Voltando às tâmaras. De repente, um dia você sente que está morrendo de vontade de comer tâmaras! Quem come tâmaras? Eu vou lhe dizer uma coisa: o seu corpo está certo! Ele faz você ter vontade de comer tâmaras porque está precisando de boro. Boro é um elemento químico que só encontramos em vestígios no nosso corpo, mas ele é importante como um catalisador para produzir o estrogênio, que é essencial para as mulheres manterem as suas características femininas. As mulheres grávidas, por exemplo, sentem necessidade de comer coisas incomuns! Não é incrível? O corpo está certo. Como nós subestimamos o nosso corpo!

Como manter a Dieta Dr. Rey quando eu tiver que almoçar ou jantar fora?

Sair para almoçar ou jantar fora com o namorado, namorada ou com a família, é sempre um dos piores momentos para quem está começando uma dieta e pode ser um problema até para quem já está seguindo bem a dieta há algum tempo. Isso é um desafio, especialmente à sua criatividade. O segredo é saber se adaptar!

Vou dar um exemplo que acontece com frequência para a maioria das pessoas. Como é possível manter a dieta, mesmo tendo que comer em uma lanchonete *fast food*? Isso já aconteceu várias vezes na minha vida e eu não tive escolha. Nesse caso, eu peço um x-salada (sem o queijo), pego o hambúrguer, a alface e o tomate e dispenso o pão. Assim, consigo uma refeição com ingestão de proteína animal e vegetais. Eu não recomendo comer em lanchonetes *fast food*, mas se você não tiver escolha, é possível perder peso até comendo muito eventualmente em um *fast food*!

Quais são os alimentos permitidos na Dieta Dr. Rey?

As opções de alimentos que você pode ingerir, seguindo a **Dieta Dr. Rey**, são muitas, porém, maior ainda é o número de alimentos que você **não deve** ingerir de forma alguma. Um dos segredos para comer bem é saber fazer as compras do modo certo no supermercado.

Por exemplo, eu entro em um supermercado americano ou aqui em São Paulo, e uso a mesma estratégia: só compro os produtos que, em geral, ficam nas paredes dos supermercados e vou embora. Eu pego ovos, carnes, iogurte com zero de gordura, vegetais e frutas. Eu vou no centro do supermercado só para uma coisa: aveia.

Quando penso em comprar algo no supermercado, pergunto a mim mesmo: eu encontraria carne de ave na Floresta Amazônica? Sim, então eu compro. Eu encontraria ovos na Floresta Amazônica? Sim, então eu compro. São itens paleolíticos. Eu encontraria frutas na Floresta Amazônica? Sim! Mas eu encontraria leite na Floresta Amazônica? Não! Qual animal toma leite de outro animal quando adulto? Nenhum! Eu encontraria sal na Floresta Amazônica? Não! Eu encontraria trigo na Floresta Amazônica? Não! Eu encontraria milho na Floresta Amazônica? Não! Arroz? Não! Salvo raras exceções, se não encontrar na Floresta Amazônica, não compre!

Dentre todos os tipos de alimentos que você precisa ingerir, os que contêm fibras são vitais. A beleza das fibras é que os alimentos com alto teor de fibras passam pelo seu intestino como se escorregassem na grama molhada, saindo do seu corpo, mas deixando os elementos nutrientes necessários.

Comer alimentos sem fibras faz com que as fezes fiquem grudadas como massinhas de modelar nas haustras, que são os arcos das paredes do intestino. A falta de fibras faz com que esse acúmulo cresça, chegando até 20 kg ou mais! Então, na verdade, você pesa menos do que pensa. Uma parte do seu peso são fezes "grudadas" nas paredes do intestino!

Toda comida tem um elemento carcinogênico, então é muito importante ingerir fibras para evitar que a comida fique muito tempo parada nas paredes do seu intestino, podendo causar câncer. Ela deixa a nutrição e é eliminada nas fezes.

Suplementação

Uma das principais bases da **Dieta Dr. Rey** é a suplementação. Estamos no século XXI e a tecnologia da suplementação é extremamente eficiente. Não podemos deixar de usar todas as armas saudáveis que estejam ao nosso alcance! Uma boa suplementação é vital para que possamos evitar problemas de saúde agora e no futuro, além de auxiliar no ganho de massa muscular, resistência a doenças, aumento da disposição, do vigor físico e muito mais. Vou dedicar um capítulo deste livro à importância da suplementação e como você deve usar essa poderosa arma! Suplementos alimentares como os que contêm proteína Whey e polivitamínicos estão entre os mais importantes.

Quadro alimentar da Dieta Dr. Rey

- Comer a cada 3 ou 4 horas
- Refeição básica: uma mão de proteína animal e três mãos de frutas e vegetais
- Ingerir 2 g de proteína para cada quilo do seu peso. A meta são 200 g/dia
- Comer alimentos com fibras
- Ingerir suplementação adequada
- Seja fiel o máximo possível à Dieta Dr. Rey, mas você poderá dar uma "escapada" meio dia por semana.

> Coma a cada três
> ou quatro horas,
> um prato com
> uma mão de carne
> e três mãos de
> vegetais e frutas.

3

Jejum, uma importante ferramenta da Dieta Dr. Rey

EXISTEM E EXISTIRAM DIVERSAS DIETAS propagadas por médicos, nutricionistas, celebridades, fisiculturistas etc., e muitas delas falam coisas totalmente opostas ao que outras pregam. Umas dizem para você comer carne, outras proíbem. Umas dizem para você comer carboidratos, outras falam que o carboidrato é um veneno! Quando eu tenho esses questionamentos, sobre o que é certo ou errado, como eu não tenho vergonha de Deus — nem a maior parte dos brasileiros —, o que eu faço? Eu abro a Bíblia!

Na minha profissão, na cirurgia plástica, qual foi o maior feito já relatado? Foi quando Jesus "grudou" a orelha de um soldado sem deixar cicatriz! Meu melhor exemplo de cirurgião (e em tudo, claro!) é Jesus Cristo! Jesus jejuou quantos dias? Quarenta dias. Moisés também jejuou. Nós vemos jejum em muitas passagens da Bíblia. Você acha que isso é por acaso? Claro que não!

O que é um jejum? Jejum é ficar sem ingerir comida, bebida ou ambos, por um período de tempo, por uma questão de opção.

Então, vamos dar um exemplo prático para o uso do jejum na sua vida. Você foi a uma festa com o seu filho e para não "traumatizar" o seu menino, comeu um pedaço de bolo! Quantas calorias tinha no bolo? Mil? Duas mil? Aí você pensa em queimar essas calorias correndo na esteira. Mas quantas calorias você consegue queimar em uma hora de esteira? Se correr muito, umas 300 calorias! Não precisa ser matemático para ver que a conta não fecha! Mas, ok, você comeu o bolo e agora precisamos reverter esse quadro de enorme acumulação instantânea de calorias. Aqui não vou nem mencionar a catástrofe que esse bolo faz no organismo dos diabéticos! Não se preocupe tanto com o bolo (mas tente evitar da próxima vez!). Quando algo na vida der errado, quando bater o desespero, abra a Bíblia! O que Jesus nos ensinou sobre isso: jejum!

Digamos, por exemplo, que você comeu esse pedaço de bolo na festinha às 8 horas da noite. Pode comer mais alguma coisa, beber um pouco, não importa! Quando for meia-noite em ponto você vai fechar a boca e não vai comer nem beber mais nada (inclusive água!).

Existem diversos estudos científicos que comprovam a eficiência do jejum, mas somente se for jejum completo, nem água você poderá beber! A ideia é desligar a "máquina" da digestão completamente. Pode não fazer sentido para você, mas é comprovado cientificamente.

O processo digestivo precisa ser desligado completamente para obtermos bons resultados. E para obtermos o melhor resultado não será possível comer ou beber durante o período do jejum, contudo, não recomendo que essa prática seja utilizada por crianças abaixo de 12 anos, assim como pessoas que sofram de alguma deficiência imunológica ou idosos.

Começando à meia-noite, você não deverá comer nada até às 17:00 h, ou seja, será um jejum completo, com 17 horas de duração. Na prática, você simplesmente vai "pular" duas refeições, o café da manhã e o almoço. Esse procedimento também é uma limpeza, um detox do seu aparelho digestivo.

No jejum, quando você desliga a "máquina da digestão", o organismo começa a queimar calorias de uma maneira "louca". A queima acontece de maneira exponencial mas, se você tomar um suco que seja, o resultado será o oposto e você vai inchar como resultado desse jejum mal feito. Muitas pessoas fazem jejum por 5 ou até 10 dias (ingerindo líquidos), mas isso é loucura!

Existe uma "regra" da medicina: 3 – 3 – 3. Todos os médicos conhecem essa regra em que o indivíduo morre ao ficar 3 minutos sem ar, 3 dias sem água e 3 semanas sem comer. Você morre! É claro que há exceções, mas, de uma maneira geral, é isso que acontece. Existe um trabalho de um médico americano, Dr. Furman, que demonstrou como acontece a queima exponencial de calorias durante o jejum. Jejum funciona, desde que seja feito da maneira correta.

E tem outro lado. Veja os olhos da maioria dos brasileiros, se olhar de perto, a mucosa abaixo dos olhos costuma ser amarelada. Isso é resultado do consumo de álcool e, para resolver isso, é preciso um processo de desintoxicação. Então, o jejum também funciona como um detox. Ele ajuda a eliminar os elementos tóxicos do seu organismo.

Você está inchado, com os olhos amarelados, pensando bobagens, está triste sem razão. Isso é efeito de substâncias químicas em seu organismo e nada está funcionando direito. Então, esse jejum também vai ter um efeito detox.

Existem várias maneiras de fazer detox, além do jejum. Como exemplo, posso citar a sauna, que desintoxica pela sudorese. Existem sopas e sucos que ajudam a "limpar" o seu organismo. Eu prefiro o jejum e, como detox, eu o faço exatamente uma vez por mês, geralmente na primeira semana do mês, no primeiro domingo. O melhor é você também escolher um dia da uma semana para jejuar, todos os meses. Isso ajuda a não esquecer do jejum.

Além do jejum como detox, você deve usá-lo sempre que abusar da comida, geralmente nas "festinhas"! Mas lembre-se: não faça jejum se o seu médico não aprovar. Crianças menores de 12 anos e idosos também não devem fazer!

> Existem diversos estudos científicos que comprovam a eficiência do jejum para perder peso e desintoxicar o corpo.

Barriga inchada – pode não ser gordura

A MANIA DE COPIAR OS estrangeiros faz com que nós deixemos de lado as nossas comidas tradicionais, que são muito boas. Há pesquisas indicando que os latinos, incluindo os brasileiros, são muito menos doentes do que os americanos! Mas com a nossa mania de copiar tudo o que vem de fora, hoje em dia estamos consumindo cada vez mais as comidas *fast food* e, com isso, todo mundo está barrigudo!

Agora eu vou falar para você o que é essa barriga. Essa barriga, muitas vezes, é resultado de gases. Você pode não estar gordinho ou gordinha, mas sim com a barriga inchada!

O veneno das comidas industrializadas acaba matando boa parte das bactérias boas no seu aparelho digestivo. É como o ying e yang da filosofia oriental e das artes marciais. Tem a bactéria boa como, por exemplo, a que a sua mãe passou para você durante a amamentação. São os lactobacilos, encontrados nos potinhos de Yakult® (leite fermentado) vendidos no supermercado. Mas tem a bactéria ruim, denominada histolytica, responsável por produzir quantidades enormes de gás no seu estômago, deixando-o inchado, deixando a barriga volumosa.

Então, com a comida industrializada, o equilíbrio natural entre bactérias boas e ruins no seu sistema digestivo fica completamente fora do normal, pois a quantidade de bactéria ruim fica extremamente aumentada e ela produz gás. Você não acha curioso que hoje a maioria dos homens tem barriga, mas continua com as pernas finas, os braços finos e o pescoço fino? Nesses casos, eles não estão gordos e sim inchados!

Para reverter isso, é simples. Vamos parar de alimentar a bactéria ruim e vamos começar a alimentar a bactéria boa, que é capaz de matar a bactéria ruim. Se você está com uma barriga enorme, precisamos reduzir os níveis de bactéria ruim rapidamente.

Existem várias soluções, mas vamos começar com a biologia, que é a mais simples. Eu quero que você comece a tomar sopa de tutano. Veja como é simples! Vá até o supermercado ou açougue, compre aquele osso de vaca e faça uma sopa. Tome essa sopa todos os dias e em poucos dias você vai sentir a diferença na redução da sua barriga!

Ainda mais simples e tão eficiente quanto a sopa de tutano é tomar o suco de um limão puro, todos os dias. Não acrescente nada, tome puro mesmo (nem pense em colocar açúcar!!!). O limão puro mata a bactéria ruim, a histolytica. Então, baixando a quantidade de bactéria ruim, que produz gás, você já vai ficar com a barriga menor! Só não se esqueça de escovar os dentes em seguida, pois o limão pode causar alguns danos aos dentes. Eu costumo tomar esse copinho de limão espremido todos os dias e, em seguida, corro para o banheiro e escovo meus dentes! Eu não só recomendo hábitos saudáveis, mas eu vivo os hábitos saudáveis que eu recomendo.

Em muitos restaurantes, é servido junto com a água um copinho de limão espremido, puro. A maioria das pessoas acredita que aquele limão serve apenas como um "digestivo". Isso é verdade, mas ele é muito mais do que isso, como eu acabei de explicar. Ele diminui a sua barriga!

Mel de boa qualidade também é um excelente "matador" de bactérias ruins. O mel apresenta diversas propriedades nutritivas e medicinais e é uma das principais armas contra o inchaço da barriga. Eu recomendo a ingestão diária de uma colher de mel (de boa qualidade).

Muitas pessoas tomam probióticos como o Yakult® (leite fermentado), que é muito bom para matar as bactérias ruins no sistema digestivo. Mas se a quantidade de bactéria ruim estiver muito elevada, um simples potinho de leite fermentado não será suficiente para equilibrar as bactérias no seu aparelho digestivo. Realmente, para combater as bactérias ruins é necessário ingerirmos bactérias boas, como os probióticos, mas as quantidades devem ser suficientes para equilibrar os níveis de bactérias boas e ruins no organismo.

Quando elementos que você ingere — como as substâncias químicas na sua comida ou o cloro na água — matam a bactéria boa, cria-se um desequilíbrio. A bactéria ruim fica em alta. Até o seu hálito fica ruim, porque a bactéria do seu estômago produz esse efeito.

Se você dá açúcar para a bactéria ruim, ela vai proliferar e você vai ficar com uma barriga enorme! O primeiro segredo para começar a desinchar é não comer nada com açúcar! E o que mais faz a bactéria ruim proliferar? Por exemplo, frutas muito doces, como a banana (só um pouquinho). Então, vamos escolher frutas mais neutras, como pera, por exemplo. Azeite de oliva virgem ou extravirgem é ótimo para ajudar no equilíbrio das bactérias do seu estômago, ou seja, ajuda a desinchar a barriga. Mas não abuse do azeite, porque ele é muito calórico!

Nós vamos corrigir esse desequilíbrio, o excesso de bactérias ruins que deixam a barriga inchada, simplesmente não alimentando mais essas bactérias! E vamos matá-las com a ajuda do limão, da sopa de tutano e do mel.

Você alimenta a bactéria ruim do seu estômago principalmente com açúcar, farinha branca e comidas "pesadas". Veja o tamanho da sua barriga depois de um bom jantar com comida "pesada" e sobremesa muito doce! Agora, comendo uma refeição leve (seguindo a **Dieta Dr. Rey**), as bactérias não vão proliferar e a sua barriga não vai inchar! E você pode matar as bactérias ruins, apenas seguindo as dicas que eu acabei de dar!

Outra coisa que aumenta a barriga são os problemas de digestão. Quem já notou as balinhas de menta oferecidas na saída de alguns restaurantes? Menta é uma planta interessante. O profeta Ezequiel disse que "a folha será a sua medicina" e é verdade, eu falo como médico. A menta é uma planta cujas propriedades ajudam a digerir a comida e reduzem a proliferação da bactéria ruim.

Reduzir a barriga com o uso de cintas modeladoras

Agora que eu já expliquei como reduzir a sua barriga com o uso de métodos biológicos, vou falar um pouco sobre como um método mecânico, simples, inventado há muitos séculos, pode contribuir muito para reduzir a sua barriga: a cinta modeladora.

Primeiro, eu vou usar como exemplo os aparelhos ortodônticos, para correção dos dentes. Eles contêm elásticos que são colocados para movimentar os dentes, exercendo uma pressão bem pequena, mas conseguindo a movimentação dos dentes no osso do maxilar, que é fortíssimo, deixando os dentes perfeitos depois de algum tempo. Esse é o mesmo princípio de funcionamento das cintas modeladoras. Funciona mesmo!

Não é por acaso que há mais de quinze séculos as mulheres na Ásia usam cintas e mantêm barrigas e cinturas minúsculas! Você pode moldar a cintura. A minha profissão é chamada "plástica", porque vem do grego *plastikós*, que significa "modelável". O osso não é sólido como o aço, ele é mais líquido e moldável do que você pensa.

Então, em primeiro lugar, você pode modelar os ossos. Em segundo lugar, gordura não gosta de pressão. Como gordura é um veneno, uma "porcaria", ela não tem boa circulação. A sua cabeça, por exemplo, tem dez artérias, enquanto a gordura tem só uma! Quando você aperta a gordura, ela morre! Pode reparar, nas mulheres, no local da alça do sutiã fica uma depressão que não sai nunca. Isso acontece porque as células de gordura naquele lugar foram mortas pela pressão da própria alça! Repare também no lugar onde fica o elástico de calcinhas e cuecas. Todos nós temos uma marquinha lá, que também não sai nunca! Então, usar cinta modeladora abdominal como maneira de auxiliar a perda da gordura localizada é extremamente eficiente!

A gordura é diferente em cada lugar do corpo, mas a gordura abdominal é uma das piores. Mas por que a gordura abdominal é tão ruim? Ela causa câncer, impotência, falta de libido e perda de cabelo, entre outros problemas e doenças. Isso tudo acontece porque a gordura produz androgênio, o hormônio masculino. Nas mulheres, entre outros problemas, ele causa a perda de cabelo e até mudanças mais drásticas, como no tom da voz (masculinizada), pelos no rosto e aumento das estrias. A gordura abdominal pode ser o seu fim! Leve isso muito a sério!

A maior parte de casos de câncer de mama tem a ver com a gordura abdominal da paciente. Isso porque as células de gordura também produzem estrogênio, que é um dos principais agentes cancerígenos. Resumindo: a gordura cria androgênio, que faz o seu cabelo cair e o estrogênio, que é cancerígeno. Vocês já repararam no número enorme de homens que têm mamas? Não estou falando de músculos peitorais desenvolvidos, mas peitos, como os femininos. É muito comum vermos homens na praia com peitos maiores do que muitas mulheres! O estrogênio da gordura abdominal está feminizando os homens! E para os homens, o estrogênio produzido pela gordura literalmente diminui o tamanho do pênis!

> A maioria das pessoas não está barriguda, mas inchada! Esse inchaço deve-se simplesmente a gases!

Suplementação necessária

SUPLEMENTAÇÃO ALIMENTAR, VITAMÍNICA e mineral são armas modernas que a ciência coloca ao nosso alcance para que a nutrição seja mais completa e balanceada. Além disso, existem suplementos específicos para corrigir ou melhorar características individuais, como suplementos que aumentam a libido, outros que retardam o envelhecimento da pele, e suplementos que protegem as juntas do corpo, entre outros.

Todos me perguntam como eu consigo aparentar uma idade muito menor do que a que eu tenho. Como você já sabe, manter a forma é vital para termos uma vida mais saudável e para retardar a ação do tempo. Entre todos os cuidados com a saúde que eu abordo na **Dieta Dr. Rey**, a suplementação certamente tem um lugar de destaque.

Mesmo com uma alimentação bem saudável não é possível ter, nas quantidades certas, muitos elementos necessários ao bom funcionamento do organismo, para a prevenção de problemas de saúde e o combate ao envelhecimento precoce. Conheça a suplementação que eu recomendo para que você possa seguir a **Dieta Dr. Rey** de maneira correta, ficando em forma e saudável! Mas não se esqueça:

toda medicação e mesmo suplementação deve ser discutida com o seu médico de confiança. O que você tem aqui é uma sugestão que eu considero adequada à maioria das pessoas e que eu mesmo adoto.

Agora vamos falar sobre os suplementos que eu tomo. Muitas pessoas têm curiosidade para saber quais são os meus suplementos. Bom, agora eu vou contar para você, em detalhes! Abaixo estão mencionados todos os suplementos e outras dicas do que eu tomo, incluindo a sua utilidade:

"Fariacids" CLA – Conjugaded Linoleic Acid (ácido linoleico), que serve para derreter a gordura. O dente-de-leão, uma planta cujo chá é ótimo para desintoxicar (fazer um detox) do aparelho digestivo. E, para aumentar a libido e aumentar a musculatura, eu tomo hormônios bioidênticos, que são naturais e por isso não tem nenhum risco na sua ingestão (tribulus terrestres, cava, maca peruana e murapuama).

Ajuda para digerir a comida é sempre bem-vinda, pois o nosso sistema digestivo, depois de tantos anos comendo "porcarias", está arruinado! Para isso eu tomo uma pílula que tem "lipase", "prodiase" ou "proriase" ou "cerilase". Ela ajuda a digerir quase tudo que você ingerir! Também nunca deixe de tomar probióticos, encontrados nos supermercados na forma de leite fermentado ou iogurte!

Eu tomo cálcio, vitamina D, condroitina e glucosamina e por isso eu sou tão flexível e não tenho problemas com as minhas juntas. A vitamina C eu tomo em quantidades altíssimas, além de suplementação de minerais e ervas que ajudam a prevenir gripes, pois eu estou sempre viajando e o ar-condicionado nos aviões é danoso para as vias respiratórias.

Eu também tomo suplementos para dormir bem, que são a gaba e a melatonina.

Também, sempre que eu posso, tomo leite de amêndoas, que tem "layatril", o mais potente anticâncer existente na natureza. Os índios de tribos que consomem amêndoas não têm câncer!

Outro suplemento importantíssimo na **Dieta Dr. Rey** é a proteína Whey. Como a base da minha dieta é proteína animal e nem sempre é possível ingerir diariamente a quantidade necessária de proteína, a suplementação com proteína Whey torna-se vital. Esse suplemento é totalmente natural, feito à partir do soro do leite e se tornou uma verdadeira "febre" em todo o mundo, para quem deseja ganhar massa muscular. Como eu já mencionei, ganhar massa muscular é necessário para poder perder peso durante o sono. Mas a proteína Whey não serve só para isso. Ela ajuda a diminuir o colesterol ruim (LDL), e a regularizar os níveis de glicose no sangue, entre outros benefícios. Todos os dias, assim que eu saio da cama, eu preparo um shake cuja base é proteína Whey. Ele é feito com 250 ml de água, depois eu coloco a proteína whey e acrescento alguns estimulantes naturais:

- **Hoodia e sinefrina**, que saciam a fome, e o guaraná, que além de saciar também contém cafeína da melhor qualidade. Além disso, a hoodia, a sinefrina e o guaraná aceleram o metabolismo!
- **Colina** – um complexo B que aumenta a velocidade de atuação do fígado, e o metabolismo;
- **Inositol** – que também aumenta o metabolismo do fígado.

Com isso, você vai queimar bem mais rápido as calorias dos alimentos. Eu posso comer um bolo inteiro que o meu organismo queima rápido! O fígado funciona em tal velocidade que qualquer coisa que entre lá queima na hora! Para completar o meu shake, eu coloco 1 ml de complexo B, com todas as vitaminas (B1, B2, B3, B5, B6, B9 e B12).

Por que o complexo B é necessário? Porque ele vai ligar a alegria em você! Isso acontece porque o complexo B ajuda a criar a serotonina e a dopamina no organismo. A serotonina é responsável pela sensação de alegria e a dopamina acalma!

Ou seja, com esse shake eu consigo estimular a criação de músculos, aumentar o metabolismo para não engordar e promover a minha alegria e a tranquilidade! Bom, não é? E esse é só o começo do dia!

Agora eu vou dar a você um verdadeiro guia prático de suplementação básica. Essa suplementação é o mínimo indicado para quem quer ter uma vida saudável e para complementar de maneira adequada a **Dieta Dr. Rey**.

- **Complexo B** – O mais importante de todos os suplementos, é uma combinação de 9 vitaminas vitais para o bom funcionamento do organismo. Seus benefícios são muitos, mas podemos destacar o auxílio na produção de serotonina, substância que promove a estabilidade emocional, proporciona alegria e disposição. É um dos principais elementos responsáveis pela nossa saúde emocional. Além disso, as vitaminas do complexo B (B1, B2, B3, B5, B6, B7, B9, B11 e B12), entre seus muitos benefícios, ajudam a combater o estresse, atuam na saúde da pele e cabelos, no bom funcionamento das funções cerebrais e do sistema nervoso, na longevidade celular e no sistema imunológico.

- **Vitamina E** – É uma das vitaminas que apresenta os maiores benefícios. Ela atua como antioxidante, retardando o envelhecimento e a degeneração celular, tanto no funcionamento geral do organismo como na aparência, deixando a pele mais jovem. Além disso, ajuda a prevenir doenças cardiovasculares e atua como reforço ao sistema imunológico.

- **Ômegas 3 - 6 - 9** – O ômega 3 atua no sistema nervoso, ajudando na cognição, memória e também na prevenção de problemas como depressão, ansiedade e até da Doença de Alzheimer. O ômega 6 é responsável por manter o bom funcionamento das funções cerebrais e também atua na saúde da pele, cabelos e no desenvolvimento da musculatura. O ômega 9 ajuda na prevenção de doenças do coração, pois auxilia na produção de HDL, o colesterol bom que combate o LDL, o colesterol ruim responsável por "entupir" artérias. Dessa forma, o consumo do ômega 9 reduz a possibilidade de enfartos, derrames cerebrais (AVC) e hipertensão arterial.

- **Vitamina C** – Entre seus muitos benefícios, destaco o fato de ser um dos antioxidantes mais poderosos, capaz de reduzir a produção de radicais livres. Seu consumo retarda o envelhecimento celular, ajuda a prevenir e combater infecções e fortalece o sistema imunológico. Além disso, também reduz os níveis de colesterol e triglicerídeos.

- **Vitamina D3** – A vitamina D, que na verdade é um hormônio, é muito importante para a saúde do nosso coração, pois atua diretamente no músculo cardíaco. Também é vital para a absorção do cálcio pelos ossos e dentes. A deficiência de vitamina D no organismo é responsável pela falta de ânimo, disposição e problemas no sistema imunológico. Há uma falta crônica dessa vitamina na população atualmente, o que pode causar cansaço, problemas de ereção, diabetes, artrite, doenças cardíacas e autoimunes, entre outras. Existem também as vitaminas D1 e D2, mas elas não são bem absorvidas pelo organismo, por essa razão só devemos consumir a D3. A melhor vitamina D3 é a sintetizada pelo nosso corpo quando tomamos sol.

Suplementação complementar da Dieta Dr. Rey

- **Proteína Whey** – Ajuda no aumento e na manutenção da massa muscular. Ela tem todos os aminoácidos essenciais para o bom desenvolvimento dos músculos e combate os incômodos musculares causados pelos exercícios físicos, dando mais disposição para a prática de atividades físicas regulares. Atualmente, a proteína Whey é a "melhor amiga" das pessoas que buscam um corpo perfeito, esculpido pela musculação.

- **Cálcio** – O cálcio fortifica os ossos e os dentes. Além disso, também atua na musculatura e no sistema nervoso. Na infância, o cálcio é vital para que a criança se desenvolva adequadamente, e para nós, adultos, é a garantia de que teremos menos lesões e que vamos prevenir a osteoporose.

- **Glucosamina + condroitina + MSM** – Protegem os ossos e ligamentos, pois são esses elementos que os constituem. A glucosamina e a condroitina atuam no mecanismo das dores crônicas, especialmente em dores nas costas e joelhos. Também as dores musculares podem ser reduzidas. São elementos muito utilizados para a prevenção e o tratamento de artrite e artrose (degenerações nas articulações). O MSM é um suplemento à base de enxofre que também atua no combate à dor causada por degeneração ou inchaço nas articulações. Existem diversos produtos no mercado que combinam a glucosamina, a condroitina e o MSM.

- **Óleo de peixe, de preferência, óleo de bacalhau** – Previne problemas nas juntas e também contém ômegas, especialmente o ômega 3. Auxilia na saúde dos olhos, coração e reduz o colesterol ruim (LDL). Atuando no sistema nervoso, ele ajuda a prevenir e melhorar a memória e doenças degenerativas cerebrais, como o Mal de Alzheimer.

- **Óleo de coco** – Atua no nosso humor, pois auxilia o organismo a produzir serotonina, a principal substância que nos proporciona alegria e bem-estar. Além disso, o tipo de gordura encontrada no óleo de coco ajuda a emagrecer, pois nos dá energia, não fica acumulada no corpo e ainda acelera o metabolismo, fazendo com que o organismo queime mais calorias.

- **Restart 1427 mg** – Este suplemento de adrenalina com complexo B é um estimulante natural que atua para proporcionar boa disposição diariamente. Aumenta a energia, reduz o cansaço, aumenta a concentração e mantém o cortisol em níveis adequados e saudáveis.

- **Arnica e carvalho branco** – Suplementos contra dor e, no caso da arnica, também ajuda a evitar e reduzir hematomas. O carvalho branco (White Oak), apresenta muitos benefícios, como combater problemas vasculares (varizes), diarreia e até sintomas da gripe. Da mesma forma que a arnica, o carvalho branco também combate as dores musculares e das articulações.

- **Tribulus terrestres, cava, maca, marapuama e Horny Goat Weed (Epemindium)** – Estas ervas fornecem suplementos eficientes para o aumento da libido. Alguns outros benefícios adicionais são o aumento de disposição, o combate ao estresse e a redução do cansaço.

- **Ácido Linoleico (CLA – Conjugaded Linoleic Acid)** – Auxilia na perda de peso, pois "derrete" a gordura. Também atua no sistema cardiovascular, reduzindo a incidência de doenças do coração.

- **Dente-de-Leão** – Erva diurética que ajuda a "secar" a gordura e a barriga. É um potente diurético natural. O chá verde também tem essa finalidade e é uma boa alternativa ao dente-de-leão.

- **Ashwagandha ou Ginseng Indiano** – Diminui os níveis de cortisol, substância nociva produzida pelo estresse emocional. Também ajuda a equilibrar os hormônios da tireoide.

- **Colágeno** – Ajuda a manter a elasticidade, firmeza e a juventude da pele. Combate e previne o aparecimento de estrias, rugas e marcas de expressão. Atua não só na pele, mas mantém a integridade de outros tecidos do corpo, como músculos, tendões e ligamentos. O colágeno é vital para a manutenção do bom funcionamento das articulações.

- **Melatonina** – É o principal elemento indutor do sono. Ajuda a regular o sono e o metabolismo, mesmo quando você estiver acordado. Ela também atua na regeneração celular e possui ação anti-inflamatória. É indicada para pessoas que têm dificuldade crônica para dormir.

> Suplementação
> é uma arma moderna
> para que a nossa alimentação
> seja mais completa
> e balanceada.

6 Bebidas – o que beber e o que não beber para manter a dieta

VOU COMEÇAR DIZENDO O MAIS importante: todas as bebidas engordam, mas nada consegue armazenar tanta caloria quanto o álcool. E o álcool, hoje em dia, tem adicionado o hormônio estrogênio. Então, cuidado com o álcool!

Sucos de frutas industrializados são químicos e fazem você engordar, ou melhor, na verdade, você vai inchar. Você nem imagina o quanto vai ganhar de gordura! Quanto ao suco natural, você consegue se imaginar colhendo uma fruta, cortando e fazendo um suco na Floresta Amazônica? Não. E isso engorda! Por que engorda? Porque as enzimas para quebrar a frutose, o açúcar da fruta, você jogou no lixo. Elas estão na casca da fruta!

Então, a única coisa que serve para beber em um restaurante, em qualquer lugar do mundo, é água! E para ficar perfeito, tome junto com um copinho de suco de limão puro!

Agora, vamos falar da água com gás. Como se apaga o fogo? Com um extintor de incêndio. E qual é a base para o extintor de incêndio funcionar? CO_2. O que tem dentro da água com gás? CO_2! Como um extintor consegue apagar rapidamente o fogo? Ele consome o oxigênio do fogo. Você conhece o triângulo do fogo? Um dos pilares do fogo é o oxigênio. O extintor de incêndio tem CO_2, que extrai o oxigênio do fogo, fazendo-o parar. Faça uma experiência simples: beba um copo inteiro de água com gás e tente lembrar o número do celular de alguém. Você não vai se lembrar! Por alguns segundos, a água com gás abaixa o seu QI, sua capacidade intelectual, porque suga o oxigênio do seu crânio. Então, água com gás também não é o ideal.

Ou seja, beba água sem gás, de preferência, que venha em garrafa de vidro. A garrafa PET também libera uma pequena quantidade de um elemento químico conhecido como Besfenol A (BPA), que é estrogênio!

Tome cuidado com o gelo consumido em restaurantes: ele é comprado fora, não é produzido no local. Então, ele pode conter bactérias que venham do fabricante de gelo, e que você não sabe quais são! O problema não é o restaurante, que pode ser ótimo, pode até ser um cinco estrelas, mas o gelo vem de fora. Ou seja, você pode estar consumindo bactérias que estão no gelo e não na bebida.

A bactéria histolytica, que já mencionei, pode criar úlceras, além de deixar a sua barriga inchada. Sabe aquele cara de 40-50 anos de idade, com pernas finas, braços finos e barriga enorme? Ele não é gordo, ele está inchado e a culpa é dessa bactéria que ele alimenta no estômago. Nesse caso, o equilíbrio entre bactérias boas e ruins está péssimo! E uma das piores bactérias para se ter em grande quantidade no estômago é a histolytica. Uma das melhores maneiras de combater as bactérias ruins do seu estômago é com mel. O consumo de uma colher de mel bom, todos os dias, e o inchaço da barriga acaba!

Resumindo: todos os sucos engordam; o álcool feminiza (dá ginecomastia e diminui o tamanho do pênis), além de fornecer calorias em grande quantidade, que ficam armazenadas no corpo; e a água com gás "atrapalha" a sua inteligência! Então, vamos evitar para melhorar a nossa dieta!

Agora vamos falar sobre uma das mentiras da vida! O vinho é uma grande mentira, e estou falando como médico, não como consumidor! Existe um estudo feito no hospital norte-americano MD Anderson, em Huston, no Texas — uma das maiores referências mundiais em estudo e tratamento de câncer —, que demonstrou, há alguns anos que qualquer quantidade de álcool aumenta a chance de câncer, tanto em homens quanto em mulheres.

O que dizem sobre os benefícios do vinho não é uma inverdade, contudo, os mesmos benefícios podem ser obtidos com um simples suco natural de uva. Todos os benefícios do vinho também estão no suco de uva, mas sem os perigos do álcool, que dissolve o seu músculo e o seu tônus e é um risco para o desenvolvimento de câncer, entre outros problemas! A uva é uma das poucas frutas que ajudam a aumentar a massa muscular. Além dela, outros alimentos, como a batata-doce, a mandioca e a aveia também têm essa atuação. Eu sempre tomo suco de uva integral! Para sobremesa, sempre frutas, mas sem exagero, como em todo o resto da sua alimentação.

Bebidas alcoólicas engordam e são um grande veneno

Agora vamos começar com o horror! O álcool! Alguns "alcoólatras da ciência" acabam manipulando as estatísticas. Alguns cientistas tentam empurrar as bebidas alcoólicas para você dizendo coisas como, por exemplo, que o vinho protege o seu coração, que o vinho é bom para as suas artérias. Isso até é verdade, mas, como eu já mencionei, o suco de uva é muito melhor e não traz riscos para a sua saúde! O estudo do famoso hospital MD Anderson mostrou, muito além da dúvida, que qualquer concentração de álcool aumenta a chance de câncer. Então, esqueça o vinho ou, pelo menos, diminua o seu consumo.

Existem cervejarias que colocam na cerveja o hormônio estrogênio (hormônio feminino). Isso tem causado uma epidemia de micropênis, devido ao exagero na concentração de estrogênio nas cervejas. E também por esta razão, a maioria dos homens que bebe muita cerveja tem ginecomastia, ou seja, as mamas começam a crescer, como as das mulheres.

Você não sabe o mal que o café faz!

Café é um veneno completo! Eu vou explicar porque o café é terrível. A cafeína é boa, mas o café é ruim! Eu digo e repito isso há anos! E por que isso? A maneira como o café é processado é muito antiga e, nesse processo, são usados elementos que você nem vai acreditar. No processo de secar a semente, de tratar a semente, existem etapas em que são usados elementos como o cianeto, um produto utilizado como veneno nos campos de concentração da Alemanha nazista. E na produção do café, usa-se o mesmo elemento químico.

No Brasil, a população sofre de falta crônica de vitamina D que, na verdade, é um hormônio. A falta de vitamina D está relacionada a todas as doenças modernas como impotência, fibromialgia, diabetes, problemas do coração, hipertensão, doenças autoimunes etc., tudo isso está ligado à deficiência de vitamina D no organismo. E o grande problema é que a imensa maioria da população brasileira apresenta níveis baixíssimos de vitamina D. Como isso é possível, se a vitamina D é produzida no corpo, quando temos contato com o sol e o Brasil é "bombardeado" pelo sol praticamente o ano todo?

A resposta é simples, mas pode assustar! O café bloqueia a absorção de vitamina D, B e cálcio no intestino. Ao bloquear a absorção de todas as vitaminas do complexo B, é como se isso tirasse a sua alegria, pois a vitamina B tem grande participação no seu sentimento de alegria. Sem a absorção de vitamina B, o seu corpo não produz serotonina nas quantidades necessárias e, com isso, surge o estresse, a dificuldade para dormir, a tristeza e a irritação. Isso porque o café bloqueou a sua vitamina da alegria. Dois tipos importantes de vitamina B são encontrados em elementos como a colina e o inositol. Esses elementos servem para ajudar na queima de gordura e reduzir os níveis de colesterol no sangue. Então, o oposto também é verdade: se não tiver vitamina B suficiente, vai engordar.

Eu não estou pedindo para você mudar a sua cultura, mas, o que eu peço é que, se não quiser parar radicalmente de tomar café, pelo menos reduza o consumo.

Outras bebidas muito consumidas

Falando agora sobre os refrigerantes, muitos têm o mesmo Ph que uma bateria de carro! Isso é péssimo para os dentes e para os ossos. Pessoas que consomem muito refrigerante no decorrer da vida estão muito mais propensas a desenvolver osteoporose, entre outros problemas. O CO_2 contido nos refrigerantes também é ruim, da mesma forma que o CO_2 contido na água com gás, como eu já mencionei anteriormente.

Agora vamos falar sobre o açúcar dos refrigerantes. Um copo de 250 ml de refrigerante tem, em média, 27 g de açúcar. Isso é muita coisa, são quatro ou cinco colheres cheias. Imagine quanto peso você vai ganhar com isso! Então, cuidado com os refrigerantes.

E os sucos? Como já mencionei, todos os sucos de fruta engordam, por causa da frutose, que é o açúcar da fruta. Talvez você já tenha ouvido alguém dizer que frutas não engordam, porque o açúcar das frutas, a frutose, é natural. É verdade que ele não causa os mesmos problemas de saúde que o açúcar refinado (que é um dos maiores venenos inventados pela humanidade!), mas pode acreditar, engorda e muito!

Você pode estar no meio da floresta, pegar uma fruta, fazer um suco e vai ganhar peso! Isso porque, na casca da fruta que você jogou fora, estava a enzima que quebra a frutose! Agora, se você comer a fruta com a casca, perde peso!

Então, daqui em diante, nas suas refeições, quando for beber algo, beba água sem gás com um pouco de limão espremido! Essa é a melhor bebida que você pode consumir!

Leite é um veneno completo!

Leite é um veneno, ponto! Eu vou dar alguns exemplos: qual animal toma leite de outro animal, quando adulto? Nenhum! Além disso, imagine que o leite que você toma contém hormônio feminino!

Como muitos sabem, eu fui adotado por fazendeiros americanos. Vivi na fazenda deles e me lembro bem da fila de vacas recebendo injeções, de uma maneira "industrial". Graças a essas injeções, as vacas produziam um volume absurdamente maior de leite por dia. Como é possível uma criatura produzir tanto leite? Porque ela foi injetada com grandes quantidades de estrogênio, que é o hormônio feminino.

Então, mães e pais, saibam que seus filhos estão tomando estrogênio puro, ou seja, hormônio feminino puro. Isso é muito sério. Se você for mulher, pode até pensar "isso não vai fazer mal para mim!". Está enganada. O que causa o câncer de mama? Excesso de estrogênio.

Se você consumir leite orgânico, melhor, mas, mesmo assim, ainda terá uma quantidade enorme de gordura, que não faz bem. A gordura animal é a pior que existe!

Então, não existe razão para um ser humano adulto tomar leite. O leite deveria ser só para crianças, e especialmente o leite materno. Depois do período de amamentação, o ideal é não dar mais leite.

Muitas pessoas substituem o leite de vaca por leite de soja. Isso é pular da frigideira para o fogo! Com a soja, é como se estivesse consumindo diretamente uma injeção de estrogênio!

Existem substitutos do leite que são realmente bons e o melhor de todos é o leite de amêndoas. As amêndoas contêm uma substância que é o elemento natural mais poderoso contra o câncer, entretanto, muitas pessoas não gostam do sabor do leite de amêndoas. Levando isso em consideração, o substituto saudável com o melhor sabor é o leite de aveia. Ele ainda tem um adicional muito importante: protege o seu coração. O leite de aveia tem praticamente a mesma consistência, cor e sabor do leite de vaca.

Agora, se você não consegue viver sem leite, por ser um hábito enraizado há muitos anos, tente reduzir o consumo ou, pelo menos, procure tomar leite orgânico. Uma outra alternativa é o leite de búfala, pois a criação de búfalos no Brasil costuma ser mais rústica, com animais criados no pasto e sem hormônios. Mas lembre-se: mesmo sem hormônios, o leite animal é gorduroso e a sua gordura é uma das piores que existe.

Conheça a bebida mais saudável!

A melhor bebida que você pode beber é a mais simples de todas: água! Sem gás! Mas não fique tão preocupado se você acha a água pura "sem graça". Na verdade, a melhor bebida do mundo, por não fazer mal e ainda fazer muito bem para a saúde, é a água com limão espremido. E por que ela é a melhor bebida? Porque hidrata o nosso corpo e não contém nenhum elemento nocivo ao nosso organismo. E o suco de limão, além de ajudar a dar um gostinho melhor à água, mata as bactérias ruins do nosso estômago, fazendo com que a sua barriga desinche rapidamente.

> Todas as bebidas engordam, até os sucos! Só água não engorda!

Alimentos que você precisa consumir

DE NADA ADIANTA VOCÊ SE dedicar a uma dieta, comer regradamente, a cada três ou quatro horas, se consumir alimentos que, além de não serem nutritivos, engordam!

Para seguir corretamente a **Dieta Dr. Rey** você precisa ingerir carnes, proteína animal em geral, frutas e vegetais. Mas imagine que você tenha que repetir, todos os dias, em todas as refeições, carne, ovos e vegetais? Você acabaria desistindo rapidamente da dieta! É claro que precisa disciplina e determinação, mas isso seria quase impossível de cumprir!

Por essa razão, neste capítulo, eu vou falar sobre uma grande variedade de alimentos que você pode e deve comer. Dentre as carnes, basicamente, você pode comer qualquer tipo, mas deve ficar longe de carnes com excesso de gordura ou mesmo as que tenham a gordura muito permeada dentro de suas fibras, pois você não vai conseguir retirar essa gordura e comer a carne "limpa". Muitas pessoas apreciam exatamente a gordura da carne, especialmente da carne bovina. Não caia nessa! Faz mal mesmo!

Antes de relacionar as principais opções de alimentos oferecidos dentro da **Dieta Dr. Rey**, quero abordar um que, juntamente com a carne, é um dos principais alimentos do cardápio da **Dieta Dr. Rey**: o ovo. Ele é muito importante, pois a sua proteína é uma das melhores que existem, entre outros benefícios.

Comer ovos faz bem à saúde e ajuda a emagrecer!

O consumo de ovos na alimentação, por anos, foi muito criticado pela medicina. Tudo mudou em 2017, quando diversos estudos foram publicados e mostraram o oposto.

Vamos começar com o valor nutritivo do ovo. O ovo tem a mais alta NPU – Net Protein Utilization. Isso faz muito sentido, pois Deus criou o ovo com a capacidade de abrigar um embrião que se transforma em uma ave forte.

Então, Deus colocou a melhor proteína possível nos ovos. Pense bem, qual seria o alvo de Deus: um pássaro com ossos fortes ou um pássaro frágil? Para voar, não pode ter muito peso. O pássaro tem uma visão incrível, veja a águia, por exemplo. E é exatamente essa proteína importante que os ovos contêm.

Então, essa reputação, por várias décadas, de que ovos fazem mal é mentira! As pesquisas realizadas, e especialmente as divulgadas em 2017, acabaram de vez com essa injustiça contra os ovos!

Vamos voltar para a nutrição do ovo. A maior parte do nosso organismo é feito de proteínas. Nosso corpo é, em grande porcentagem, constituído por proteínas, então, nós precisamos consumir proteínas. Como nós, seres humanos, somos onívoros, ou seja, precisamos comer um pouco de tudo, temos que adquirir os aminoácidos de produtos de origem animal, sejam ovos, leite, carne vermelha ou branca. Mas dentre essa variedade de fontes de proteína animal, a número um é o ovo!

Você pode medir a qualidade da proteína pelo NPU – Net Protein Utilization. A substância com o maior NPU é o ovo! Ele é o melhor que existe para "construir" o seu corpo. Os atletas sabem muito bem disso. As pessoas que estão trabalhando para adquirir um pouco de músculos sabem disso.

Contudo, apesar de o ovo ser a melhor fonte de proteínas, há um problema: ele só tem 5 g de proteínas e o ideal para o ser humano é consumir pelo menos 2 g de proteínas para cada quilo, diariamente. Por exemplo, seu você pesa 80 kg, vai precisar de 160 g de proteínas por dia. Na verdade, o ideal seriam 200 g! Um atleta, por exemplo, tenta consumir 200 g de proteínas por dia. Não só a quantidade de proteínas é importante, mas a qualidade da proteína, que é medida pelo NPU. O ovo é o número um nesse quesito, mas, infelizmente, seria preciso consumir muitos ovos para suprir a necessidade diária de proteínas!

Além da proteína, o ovo tem colina e todos os halterofilistas sabem que uma das melhores maneiras de perder peso é consumindo colina. Eu tomo colina em altas quantidades para me manter magro. O fato de o ovo ter um alto teor de colina faz todo sentido, porque a ave que nasce do ovo precisa ser leve para poder voar (apesar de as galinhas terem perdido essa capacidade!). Enfim, a colina encontrada nos ovos faz você perder peso.

Outra característica que Deus colocou nas aves é que elas, em geral, têm a visão muito aguçada. Afinal, elas precisam enxergar do alto. Por essa razão, encontramos nos ovos todos os nutrientes necessários para termos uma visão muito boa. Então, não só a proteína do ovo é a melhor do mundo, mas também os seus nutrientes são completos.

Agora, vamos falar sobre a controvérsia causada pelos ovos. Há décadas se dizia que o consumo de mais de três ovos por semana podia levar as pessoas a terem um ataque cardíaco! Isso é um mito! Essa premissa mudou com pesquisas que envolveram mais de 100 mil pessoas. Através dessas pesquisas, descobrimos que em cerca de 70% das pessoas o ovo não aumenta o colesterol (que é o maior responsável pelos problemas cardíacos, em especial, enfartos).

Sabemos que existe o colesterol bom e o colesterol ruim. O LDL é o colesterol ruim, que precisamos manter em níveis baixos no nosso sangue, mas queremos aumentar o HDL, que é o colesterol bom. Em 70% das pessoas que participaram dos estudos científicos, o ovo não aumentou o colesterol ruim e, em alguns casos, até diminuiu. E para as demais pessoas, os 30% restantes, o ovo aumentou o colesterol de maneira insignificante e com um LDL diferente, cujas moléculas são maiores e não impactam a ponto de causar infartos do miocárdio, ou seja, ataques do coração.

Ficou provado nesses estudos que apenas um grupo muito pequeno de pessoas pode ser prejudicado pelo consumo de grandes quantidades de ovos, ou seja, mais de três ovos por dia. Esse grupo específico são os diabéticos. Eles podem ser prejudicados, mas os estudos não foram conclusivos para sabermos as razões exatas. Então, se você tem diabetes, não deve comer mais de três ovos por dia e, caso deseje ingerir ovos, esse consumo deve ser acompanhado pelo seu médico.

De acordo com o que eu acabei de explicar, de maneira geral, todas as pessoas podem comer ovos sem restrições, com exceção das que têm diabetes ou são alérgicas! E não se esqueça: o colesterol está na gema do ovo e não na clara, que é composta praticamente de proteína.

O mel é um milagre de Deus na nossa alimentação

O mel é um milagre e por isso é citado nas escrituras de várias religiões. Vamos falar um pouco sobre os benefícios do mel. Ele é muito bom para a circulação. Ajuda a prevenir coágulos e dilata as artérias do coração, aumentando a circulação cardíaca e, com isso, reduz as chances de ataques do coração.

O mel também funciona do ponto de vista químico, pois ele diminui o colesterol ruim, o LDL, e aumenta o colesterol bom, o HDL. Isso, claro, também ajuda a prevenir problemas do coração. Ele também ajuda a diminuir os triglicérides, o que previne ou reduz a possibilidade de um AVC.

Ele também é ótimo em caso de tosse, tanto para adultos quanto para crianças e é um antibiótico natural, combate bactérias e vírus. Ele fortalece todo o seu sistema imunológico e também é um ótimo cicatrizante, ajudando a acelerar o processo de cicatrização de cortes e danos na pele causados por queimaduras.

Além disso, é um ótimo tempero para comidas, aliás, é uma das poucas coisas que eu uso para dar um sabor gostoso nos meus pratos.

O mel pode ser facilmente encontrado e também é uma alternativa saudável à manteiga e à margarina. Existe o mel escuro e o mel mais claro, mas o escuro é o melhor. O mel escuro tem mais minerais, vitaminas e antioxidantes. Graças à essa característica de ser um ótimo antioxidante natural, o mel faz o seu organismo funcionar melhor, ajuda na prevenção de doenças degenerativas e reduz o ritmo do envelhecimento. Não é mesmo um milagre de Deus? Uma das razões para o retardamento do meu envelhecimento, que parece ser mais lento do que o da maioria das pessoas, é que eu consumo mel regularmente.

Apesar de todas essas características "milagrosas" do mel, não podemos esquecer que ele é um alimento muito calórico e que, por isso, deve ser consumido com moderação.

O mel mais famoso do mundo é o Manuka, produzido na Nova Zelândia, considerado o melhor mel do mundo no que diz respeito à sua capacidade antiviral e antibacteriana. O mel brasileiro está entre os melhores do mundo, inclusive tendo recebido prêmios internacionais, por vários anos. As variedades brasileiras são ótimas, mas cuidado, procure sempre mel de boa qualidade, pois existem marcas que vendem o mel "batizado", ou seja, que não é puro!

O chocolate é uma delícia que faz bem

O chocolate tem como elemento básico o cacau. Existem chocolates com as mais variadas porcentagens de cacau e, em alguns casos, zero porcentagem! Aquele chocolate que você compra no posto de gasolina, na verdade, é parafina comestível misturada com açúcar!

Mas o que realmente interessa para nós são os chocolates de melhor qualidade, com 70% de cacau na sua composição, ou mais. Eu quero que você (especialmente as mulheres), consuma uma mão cheia de chocolate de boa qualidade, com alto teor de cacau, todos os dias.

Qual é o grande valor do chocolate para a mulher? Ele tem uma substância chamada PEA (Phenethylamine, que age no cérebro, e faz milagres! A PEA liga a serotonina, que proporciona uma sensação de alegria e depois liga a dopamina, que é a substância que proporciona tranquilidade, o oposto do que faz o café.

Para as mulheres, o PEA atua especialmente nos órgãos reprodutores, ligando os hormônios bons. Além disso, o chocolate bom, com 70% de cacau ou mais, é um ótimo afrodisíaco. Bem como os frutos do mar e o abacate, o chocolate é um dos melhores afrodisíacos que existem. Ele também tem uma substância, o ORAC, que ajuda a prevenir o envelhecimento, além de proteger a integridade das suas artérias.

Lista de alimentos que você pode consumir, sem medo!

Agora eu vou listar os alimentos que você pode consumir tranquilamente, pois são saudáveis e vão ajudar você a seguir a **Dieta Dr. Rey**. O melhor é que você terá muitas opções para variar o seu cardápio diário. A "comida de dieta" não precisa e não pode ser um sofrimento. Lembre-se, a **Dieta Dr. Rey** é um programa completo, para que você mude e redefina os seus hábitos alimentares. Não é algo para você fazer por um curto período de tempo, mas sim uma reeducação alimentar para você levar para toda a vida!

Proteínas:

1. Frango e peru sem gordura, carne vermelha sem gordura e peixes (tudo de origem orgânica, se possível!)
2. Proteína Whey (de liberação lenta, com baixo teor de gordura)
3. Ovos (de origem orgânica)

Derivados de leite, sem gordura (são as melhores alternativas dentre os derivados de leite) e produtos alternativos aos derivados de leite:

1. Queijo cottage sem gordura
2. Iogurte grego sem gordura (contém muita proteína)
3. Queijo ricota sem gordura
4. Leite de amêndoas

Frutas e vegetais:
Todos, exceto milho e batata comum

Alimentos gordurosos, mas saudáveis:

1. Abacate
2. Azeite de oliva (mas não abuse!)
3. Nozes, castanha-do-pará, castanha-de-caju
4. Óleo de coco

Doces:

1. Mel
2. Extratos de amêndoas, menta ou limão
3. Chocolate com 70% de cacau ou mais (de boa qualidade)

Bebidas:
1. Água sem gás, filtrada ou mineral (em garrafas de vidro, de preferência)
2. Chá verde ou chá de ervas, sem cafeína
3. Água de coco
4. Leite de amêndoas

Temperos:
1. Sal (muito pouco!)
2. Limão
3. Pimenta
4. Vinagre
5. Azeite de oliva extravirgem
6. Mel

Mostarda e ketchup (com baixo teor de açúcar; consumir pouco)

> A proteína dos ovos
> é a melhor
> e a mais completa
> que existe.

Alimentos que você não deve consumir (de jeito algum!)

PARA SEGUIR A DIETA DR. REY de maneira correta, tão importante quanto saber o que comer e quando comer, é saber o que você **não deve** comer. Eu vou relacionar alguns alimentos que você não deve nem passar perto, pois engordam, fazem mal à saúde, ou ambos (o que é mais comum!). Alguns desses alimentos você já sabe que não deve consumir ou que, pelo menos, deve comer com muita moderação. Mas há outros que você nem sonha que deve evitar.

É claro que a lista de alimentos que você não deve ingerir é grande, mas, neste capítulo, eu vou abordar somente alguns que eu considero mais nocivos e que fazem parte da alimentação de boa parte da população brasileira. O que não estiver aqui, mas que o seu bom senso diga que talvez não deva comer, na dúvida, não coma! Pesquise.

Pão, trigo e glúten – engordam e são prejudiciais à saúde

Você sabia que a maioria das celebridades não come trigo? Elas passam longe do pão! Eu vivo há mais de 20 anos em Beverly Hills e nunca vi uma celebridade em um restaurante comendo pão. E há uma boa razão para isso.

Um dos grandes venenos na alimentação da nossa sociedade são as sementes. Isso vem desde a antiguidade. O pão, hoje, é um inimigo e a razão disso é o trigo.

O trigo cultivado nos dias de hoje não é o mesmo que se cultivava no passado, nos tempos bíblicos ou mesmo até meados do século XX. O trigo de hoje, modificado geneticamente, é menos nutritivo, engorda mais e está associado às doenças modernas.

O trigo cultivado atualmente não é muito alto, é próprio para dar várias safras, em lugares que seriam inóspitos ao trigo original — hoje ele cresce na maior parte do mundo. Eles modificaram o DNA do trigo para que fosse mais produtivo e resistente ao clima e às pragas. O que temos hoje é um trigo que aguenta o frio da América do Norte e até o da Patagônia. Preocupados só com o lucro, os produtores não notaram o mal que fizeram ao modificarem o DNA da planta.

Agora eu vou falar um pouco do que há de pior sobre o trigo. O glúten e a lectina são proteínas encontradas na semente do trigo que, para muitas pessoas, são elementos não tolerados pelo organismo.

O tipo integral é uma "saída" para muitas pessoas poderem comer pão sem culpa, achando que assim evitam problemas de saúde, mas isso não é verdade. Basicamente, a diferença do trigo comum para o trigo integral é a forma do corte, a maneira como o grão é cortado e isso, na prática, não faz diferença alguma. Se o pão integral tem uma casca um pouco diferente ou não, se deixa o pão um pouco mais escuro ou não, não faz diferença. E, em alguns casos, para adquirir aquela coloração é usado corante.

Não existe diferença substancial entre o pão branco e o integral. Um dos poucos benefícios do pão é que ele sacia a fome e protege um pouco o intestino. Esse é o benefício do trigo, mas é muito pouco comparado ao mal que ele faz!

O trigo tem um DNA mais complexo do que o do ser humano. Eu não estou brincando! E as modificações foram ocorrendo por acidente, quando eles estavam tentando aumentar o lucro proporcionado pelo trigo.

O problema mais conhecido causado pelo consumo de pão é a doença celíaca, uma doença autoimune de origem genética, em que o organismo reage exageradamente ao glúten. Ela pode causar dores abdominais, diarreia constante, perda de peso, osteoporose e até câncer. É terrível. Mas essa doença, hoje em dia, é muito menos preocupante, pois basta ser diagnosticada e a pessoa se abster de ingerir qualquer produto que contenha glúten para ter vida normal.

O maior perigo do glúten e da lectina é que estes elementos, quando em excesso, criam poros no seu intestino, tornando-o permeável, permitindo que qualquer bactéria passe pelas paredes e entre no seu sistema. Com isso, o sistema autoimune fica como um "soldado bêbado": começa a atirar em todas as direções, e os outros "soldados", as células brancas, reagem combatendo contra o próprio organismo, desencadeando várias doenças.

A lectina em excesso no organismo também pode causar as doenças da chamada Síndrome X (diabetes, problemas cardíacos, hipertensão, circulação, impotência etc.), enfim, todas as doenças modernas, que são doenças metabólicas.

Resumindo, o uso de sementes é um dos principais problemas da alimentação moderna. O ideal é consumirmos uma mão de nozes por dia. O consumo de oleaginosas é saudável. E qual é o problema das sementes? Elas foram modificadas geneticamente e causam diversos problemas de saúde.

Então, as sementes são seus inimigos e as nozes são suas amigas. O trigo é um veneno completo. A soja é cheia de estrogênio, cujo excesso feminiza o homem e causa câncer de mama nas mulheres. Sementes não são boas, a exceção é a linhaça, que protege o coração, e a aveia, que ajuda a criar massa muscular.

Veja o que fizeram com o milho! Hoje ele tem uma semente amarela, enorme, tornou-se mais calórico e com zero de nutrição. A mesma coisa ocorre com o amendoim, com o feijão e, sem dúvida, o pior é o trigo.

O milho dos Astecas era uma planta dos mesoamericanos da era pré-colombiana, antes da chegada de Colombo às Américas. Naquela época, o milho era como uma grama, literalmente parecia uma grama! As sementinhas eram pequenas e pretas.

Os europeus transformaram o milho original, nativo, através de experiências sucessivas, e acabaram criando o milho moderno. Para mim, essas pessoas que criaram o milho moderno foram, na verdade, grandes "criminosos" da nossa história.

Na fazenda em que morei quando jovem, havia um silo cheio de trigo. E não havia ratos. Nenhum camundongo! Até os ratos sabiam que era veneno. O trigo tem uma substância que se chama lectina, que causa a Síndrome X, que são as doenças modernas: impotência, falta de libido, artrite, doenças do coração, diabete, enfim, todas as doenças modernas que conhecemos podem ser causadas pelo consumo do trigo. A mesma coisa ocorre com o milho, o arroz, a batata. A batata-doce é ótima para a saúde, mas com a batata comum, cuidado! Prefira a mandioca, é um ótimo substituto.

Hoje nós consumimos esses alimentos perigosos, que são fáceis de armazenar. Por que perigosos? Porque eles contêm a lectina.

Açúcar faz mal e engorda

Você está literalmente viciado na sua comida! Vou contar uma história para ilustrar o que estou dizendo. Nos Estados Unidos é muito comum jovens fazerem aulas de sobrevivência na selva ou no deserto ou, mais comum ainda, serem escoteiros ou bandeirantes.

Eu fui escoteiro e fiz minhas aulas de sobrevivência no "mato", no estado de Nova York. Fui colocado em uma ilha, no meio do lago Champlain, só com uma canoa, um fio para pesca e nada mais! Eu pesquei trutas, assei com o fogo que eu fiz e me alimentei com o que encontrei de comestível naquela mata.

O que eu aprendi nessa experiência de vida é que os sabores na natureza são mínimos. O nosso corpo não está naturalmente acostumado àquele delicioso sorvete, aos chocolates exagerados, aos hambúrgueres, pastéis e outras coisas que adoramos comer!

Ocorre que o corpo cria endorfinas a cada vez que você ingere comidas com sabores exagerados, em comparação com o que existe na natureza e que, supostamente, deveriam ser os nossos alimentos. Essas endorfinas proporcionam uma "felicidade instantânea", fazendo você querer sempre mais! O vício na comida tem o mesmo peso que o vício em cigarros ou bebidas e ele pode levar você a um fim precoce.

Por que o açúcar é tão prejudicial? Por que o açúcar é um veneno? Em primeiro lugar, no processo de industrializar e refinar o açúcar, muitas vezes são usados elementos nocivos à nossa saúde. Entretanto, o mais preocupante é como o açúcar age no corpo, a fisiologia do açúcar.

Não existe na natureza o açúcar industrializado. Quando você come um pedaço de bolo, o açúcar no seu organismo, que deveria estar por volta de 60 ou 80, vai para 250. Com uma contagem tão alta de glicose, o corpo não aguenta e você poderia até desmaiar. Para evitar isso, o cérebro ordena uma produção enorme de insulina, para diminuir rapidamente a taxa de glicose no sangue, mas, no "pânico", o corpo acaba produzindo insulina demais e, com isso, o açúcar no sangue cai de 250 para 50. Então, você pode desmaiar novamente, desta vez por ter pouca glicose no organismo! É loucura!

Para resolver esse problema, mais uma vez em "pânico", o corpo aumenta a taxa de glicose no sangue. Ele o faz sentir fome e então você come outro pedaço enorme de bolo! E isso demora a acabar! Você já notou que nunca abusou de peras ou maçãs, mas sempre abusa dos bolos e outros doces?

Com todos esses altos e baixos na taxa de açúcar no sangue, você acaba perdendo a sensibilidade à insulina. Primeiro você estressou o pâncreas, que é o órgão que produz a insulina. De tanto sobrecarregar esse órgão comendo doces loucamente, a produção de insulina acaba diminuindo e, o pior, a quantidade produzida não consegue mais reduzir a taxa de açúcar no corpo. Esse quadro leva as pessoas a terem cada vez mais dificuldade para emagrecer!

O seu esforço terá que ser muito maior para emagrecer sem a ajuda necessária do pâncreas e da insulina produzida no corpo. Isso porque as células que queimam o açúcar do corpo passaram a ter uma redução significativa da sensibilidade à insulina. Esse quadro é reversível? Sim, na maioria dos casos é facilmente reversível. Para isso, você vai precisar caminhar dois quilômetros, todos os dias à noite, depois do jantar. Em pouco tempo o corpo já terá de volta a sensibilidade necessária à insulina. Além disso, a **Dieta Dr. Rey** também vai ajudar a recuperar a tão necessária sensibilidade à insulina. Lembre-se: se não existe na Floresta Amazônica, não coma! Existe açúcar refinado na Floresta Amazônica? Então, não coma!

Quando você vai ao supermercado, por exemplo, e vê uma caixa daqueles cereais matinais de flocos de milho açucarados, deve pensar: tem isso na Floresta Amazônica? Não! Tem queijo na Floresta Amazônica? Não! Tem sal na Floresta Amazônica? Não! Salvo raras exceções, se não existe na Floresta Amazônica, não coma! Minhas compras são simples. Eu só compro o que geralmente está nas paredes dos supermercados: frutas, vegetais, ovos, carnes, aveia, mel e leite de aveia. Só!

Se você não conseguir sair dessa "montanha russa" de ingestão de açúcar, provavelmente irá desenvolver uma ou mais das doenças da chamada "Síndrome X", que são as doenças modernas: impotência, perda de libido, hipertensão, problemas do coração, artrite e oscilações de humor que poderão levar até mesmo à depressão.

Como médico, costumo sempre consultar os livros de medicina, mas não deixo de também consultar a Bíblia. Não é acidental que na Bíblia, começando pelo livro de Moisés, e até o final, em diversos capítulos existem menções ao mel. Este alimento tem um índice glicêmico alto e é muito saboroso.

O açúcar branco refinado entra nas suas células de gordura em 15 minutos, já o mel tem uma estrutura mais complexa e leva 24 horas para ser digerido; não é como o açúcar refinado, que deixa você alegre rapidamente e depois, com a queda brusca na taxa de glicose, deixa você "para baixo". Com o mel, a "alegria" dura o dia inteiro! Eu consumo mel diariamente e, para continuar firme na minha dieta, vou continuar consumindo por toda a minha vida!

A chave é o mel, para adoçar tudo! Em alguns países asiáticos, como a Coreia do Sul, quase não há consumo de açúcar refinado e o mel é usado para adoçar quase tudo! Não é por acaso que os coreanos são um dos povos menos obesos do planeta. É muito difícil achar coreanos obesos! Somente aqueles que aderiram à comida calórica do *fast food* ocidental!

O sal é um grande veneno

O sal talvez seja um dos venenos mais escondidos na nossa natureza. O sal do mar é melhor, porque na sua composição encontramos vários minerais importantes. O perigoso é o sal processado. O processamento do sal cria o sódio e o cloro. Esses dois elementos deixam o organismo ácido.

Eu já falei muitas vezes que um dos problemas modernos é o Ph baixo, que é ácido e causa as doenças modernas, conhecidas como Síndrome X, como a diabete, problemas do coração e hipertensão, entre outras. E como o corpo lida com esse veneno que é o sal? Ele cerca o sódio e o cloro com água. E com isso você acaba absorvendo cerca de 2 litros de água. Por esse motivo, o maior problema causado pelo sal é a hipertensão. Como a hipertensão aumenta a pressão das artérias do corpo todo, um dos maiores perigos é que uma artéria do seu cérebro "exploda", causando um AVC (Acidente Vascular Cerebral, comumente conhecido como "derrame"), que pode ser fatal ou deixar sequelas gravíssimas, como uma vida vegetativa, pelo resto da vida. Mas há o risco de a pessoa ter micro AVCs que, com o passar dos anos, vão afetando a capacidade cerebral, a inteligência, a memória e causam demência.

O sal causa problemas do coração porque essa pressão faz as artérias reagirem, ficando grossas. Quanto mais grossas as paredes das artérias, menos sangue passa em direção ao coração, o que pode causar um infarto.

O sal também pode causar câncer no estômago, pois danifica constantemente as paredes do órgão, criando um ambiente propício para o desenvolvimento de bactérias que causam câncer. Ele aumenta o risco de osteoporose, pois desmineraliza os ossos, fazendo com que percam cálcio.

Um outro problema provocado pelo sal é a obesidade. Primeiro, pela retenção de líquidos, você já ganha peso. O sal dá sede, o que faz você ingerir bebidas que engordam, como refrigerantes e sucos. O sal pode prejudicar os rins, pois há uma perda de cálcio nos ossos e esse cálcio acaba indo para os rins, criando pedras. Enfim, esses são apenas alguns problemas de saúde que podem ser causados por esse veneno, que todos nós consumimos, mas que é letal! Não estou pedindo para você cortar o sal totalmente, apesar de que isso seria o ideal. Apenas reduza o máximo que conseguir e você vai sentir rapidamente uma grande diferença na sua qualidade de vida, além de evitar muitos problemas futuros!

E quais são as alternativas ao uso do sal? As pessoas que procuram alternativas ao sal normalmente já tem hipertensão ou problemas nos rins. A faixa etária é extensa, podendo iniciar aos 40 anos de idade. A dificuldade para encontrar um substituto é que os tipos alternativos de sal, na verdade, são produtos químicos baseados em potássio e acabam sendo muito perigosos, porque causam um dano ainda maior aos rins do que o sal marinho! Então, não é uma boa ideia usar esses tipos alternativos!

O que realmente funciona é usar como alternativa produtos naturais, outros condimentos e ervas. O alho e a cebola são ótimos substitutos naturais para dar sabor no lugar do sal. O azeite de oliva é uma outra opção. Experimente utilizar alho, cebola, ervas aromáticas e azeite de oliva no lugar do sal. Você vai se surpreender com o sabor e vai começar a utilizar cada vez menos sal na sua alimentação. Você também pode utilizar vinagre, limão, salsa, pimenta e muitas outras opções de produtos naturais que realçam o sabor de um prato sem a necessidade do uso do sal.

Pipoca de cinema

A pipoca que você compra no cinema tem um veneno chamado Diacetil. Esse elemento químico causa problemas respiratórios, como tosse crônica, bronquite, asma e dificuldade para respirar. Ele fica no organismo por anos e pode até causar câncer. Se for consumir pipoca, dê preferência às caseiras, feitas com milho orgânico. E com o mínimo de sal.

> Soja, trigo e milho são venenos na sua alimentação. Leite e queijos também fazem mal!

Cardápio Dieta Dr. Rey para a sua semana

A ROTINA DIÁRIA DE ALIMENTAÇÃO saudável da **Dieta Dr. Rey** se baseia em refeições com intervalos de quatro horas. Independentemente do horário em que você acorde, o importante é que, ao levantar, você faça uma refeição e, daí em diante, a cada quatro horas, se alimente novamente.

A seguir temos duas sugestões de cardápio semanal para a **Dieta Dr. Rey**. Estas sugestões podem ser alteradas da forma como você preferir, desde que as refeições aconteçam a cada quatro horas e que os alimentos ingeridos estejam de acordo com os preceitos da **Dieta Dr. Rey**, ou seja, carnes, frutas e vegetais.

Todos os dias, em uma das refeições, você deverá espremer um limão em um copo e tomar o suco sem açúcar e sem água, puro mesmo!

Não se esqueça: a única bebida saudável para acompanhar as suas refeições (ou fora delas!) é água sem gás!

Os cardápios neste capítulo foram elaborados com alimentos aprovados para serem consumidos na **Dieta Dr. Rey**. Seguindo esses cardápios, você vai ingerir alimentos variados (não vai ficar enjoado de comer a mesma coisa todos os dias), e não vai precisar perder tempo planejando o que comer — com isso, terá muito mais tempo para focar nos outros aspectos da **Dieta Dr. Rey** como, por exemplo, os exercícios.

Lembre-se: as refeições que devem acontecer com o intervalo de no máximo 4 horas. Nunca demore mais de 4 horas para comer, a menos que esteja fazendo o jejum controlado. Se preferir mudar algo, fique à vontade, mas sempre inclua no seu cardápio os alimentos saudáveis que estão na minha lista. Espero que goste das opções que eu preparei para você!

Cardápio 1

Segunda-feira

Refeição 1 (café da manhã)
- 3 ovos mexidos
- ½ manga cortada em pedaços
- 250 ml de um bom shake de proteína, do sabor de sua preferência

Refeição 2 (almoço)
- 1 bife (200 g) de carne bovina (filé-mignon, alcatra, coxão mole, picanha sem gordura)
- Salada de alface, rúcula, tomate e cenoura (regar com azeite de oliva extravirgem)

Refeição 3 (lanche da tarde)
- 1 colher (sopa) de mel puro, de boa qualidade
- 6 fatias de peito de peru

Refeição 4 (jantar)
- 1 filé de frango (200 g), temperado com limão e pimenta-do-reino moída na hora

- Salada com alface, tomate-cereja, palmito e pepino cortados em rodelas (regar com azeite de oliva extravirgem)

Terça-feira

Refeição 1 (café da manhã)
- 200 ml de leite de aveia
- 3 ovos cozidos
- 1 cacho de uvas sem semente (comer com a casca)

Refeição 2 (almoço)
- Salmão grelhado (200 g) temperado com gotas de limão, salsinha e azeite de oliva extravirgem
- Salada com brócolis, tomate-cereja, alface crespa, roxa e americana e ¼ de xícara de nozes picadas (regar com azeite de oliva extravirgem)

Refeição 3 (lanche da tarde)
- 250 ml de um bom shake de proteína, do sabor de sua preferência
- 1 maçã com casca
- 3 ovos cozidos

Refeição 4 (jantar)
- Carne moída (200 g) refogada com cebola, alho, salsinha, orégano, pimenta-do-reino moída na hora e azeite de oliva extravirgem
- Salada com alface, agrião, cenoura, tomate e beterraba (regar com azeite de oliva)

Quarta-feira

Refeição 1 (café da manhã)
- 250 ml de um bom shake de proteína, do sabor de sua preferência
- 1 colher (sopa) de mel puro, de boa qualidade
- 8 fatias de peito de peru defumado

Refeição 2 (almoço)
- Hambúrguer de picanha grelhado (200 g), com cebola crua cortada em rodelas
- Couve-flor, brócolis e cenoura, cozidos no vapor

Refeição 3 (lanche da tarde)
- 3 ovos cozidos
- 2 rodelas de abacaxi

Refeição 4 (jantar)
- 1 prato de sopa de legumes e ossobuco (mocotó)
- 25 g de chocolate com 70% de cacau

Quinta-feira

Refeição 1 (café da manhã)
- 2 ovos mexidos
- 2 fatias de bacon
- ½ mamão papaia

Refeição 2 (almoço)
- 1 filé de tilápia ao forno, temperado com pimenta-do-reino moída na hora, limão e azeite de oliva extravirgem. Acompanha pimentão (verde ou vermelho), cebola cortada em rodelas e tomate.

Refeição 3 (lanche da tarde)
- 250 ml de um bom shake de proteína, do sabor de sua preferência
- 1 banana prata
- 4 fatias de presunto cozido, sem gordura

Refeição 4 (jantar)
- 1 bife grelhado (200 g) de filé-mignon ou picanha
- Salada com alface americana, rúcula, tomate e palmito em rodelas, cenoura e beterraba cortada em tiras (regar com azeite de oliva extravirgem)
- 1 colher (sopa) de mel puro, de boa qualidade.

Sexta-feira

Refeição 1 (café da manhã)
- 250 ml de um bom shake de proteína, do sabor de sua preferência
- 1 copo de salada de frutas picadas (banana, mamão, melão, morango)
- 5 fatias de peito de peru

Refeição 2 (almoço)
- Almôndegas (250 g de carne bovina), acompanhadas de abobrinha, couve-flor, cenoura e brócolis, cozidos no vapor (regar com azeite de oliva extravirgem e acrescentar um punhado de nozes)
- 25 g de chocolate com 70% de cacau

Refeição 3 (lanche da tarde)
- 1 colher (sobremesa) de mel puro, de boa qualidade
- 4 ovos cozidos

Refeição 4 (jantar)
- 1 filé de peito de frango (200 g) grelhado, regado com suco de laranja e mel
- Salada de tomate, palmito e rúcula (regar com azeite de oliva extravirgem)
- 1 kiwi

Sábado

Refeição 1 (café da manhã)
- 3 ovos mexidos
- 200 ml de leite de aveia, adoçado com mel

Refeição 2 (almoço)
Essa é a refeição pela qual você esperou a semana toda! Neste almoço, o cardápio é seu! Você pode preparar o que quiser em casa ou sair para almoçar fora naquele restaurante ou lanchonete que você tanto gosta! Sábado é o seu "dia de folga" da dieta, coma o que tiver vontade, com direito a sobremesa! Mas lembre-se: é só uma vez por semana!

Refeição 3 (lanche da tarde)
- 250 ml de um bom shake de proteína, do sabor de sua preferência
- 1 copo de salada de frutas (banana, uvas sem semente, morango, melão e mamão)
- 4 ovos cozidos

Refeição 4 (jantar)
- 250 g de picadinho de carne bovina (filé-mignon, coxão mole, alcatra ou picanha), com couve-flor e cenoura, temperado com cebola e alho
- 1 laranja

Domingo

Refeição 1 (café da manhã)
- Omelete com 4 ovos, bacon em cubos, 1 fatia de presunto, salsinha e cebola picada
- 1 banana prata
- 250 ml de um bom shake de proteína, do sabor de sua preferência

Refeição 2 (almoço)
- Hambúrguer grelhado (250 g) de peito de peru com 2 tiras de bacon
- Salada de alface, agrião, tomate-cereja, cenoura e palmito em rodelas

Refeição 3 (lanche da tarde)
- 3 ovos cozidos
- 200 ml de leite de aveia adoçado com mel puro de boa qualidade

Refeição 4 (jantar)
- 1 prato de sopa de carne e legumes (abobrinha, couve-flor, repolho, pimentão verde, cebola, alho e cenoura)
- 25 g de chocolate com 70% de cacau

Cardápio 2

Segunda-feira

Refeição 1 (café da manhã)
- 250 ml de um bom shake de proteína, do sabor de sua preferência.
- Uma mão cheia de nozes

Refeição 2 (almoço)
- 1 lata de atum, temperado a gosto com cebola, alho e azeite de oliva
- Salada de espinafre com fatias de laranja, salsão, cenouras e amêndoas
- 1 maçã de tamanho médio

Refeição 3 (lanche da tarde)
- 250 ml de um bom shake de proteína, do sabor de sua preferência
- 3 ovos cozidos

Refeição 4 (jantar)
- 1 bife de carne bovina (200 g), temperado com alho e cebola
- Purê de batata-doce (batata normal não é boa, mas batata-doce dá músculos)
- Vegetais cozidos (abobrinha, brócolis, espinafre) com cebola roxa, pepino e uvas verdes

Terça-feira

Refeição 1 (café da manhã)
- 250 ml de um bom shake de proteína, do sabor de sua preferência
- Iogurte grego com castanha-de-caju

Refeição 2 (almoço)
- Filé de frango grelhado
- Omelete com vegetais picados
- 1 maçã de tamanho médio

Refeição 3 (lanche da tarde)
- 150 g de peito de peru fatiado
- 1 fatia de queijo ricota com 2 rodelas de abacaxi

Refeição 4 (jantar)
- Salmão grelhado com aspargos, temperado com azeite de oliva
- Salada de alface com cenoura ralada, cebola roxa, pepino e rodelas de laranja

Quarta-feira

Refeição 1 (café da manhã)
- 250 ml de um bom shake de proteína, do sabor de sua preferência
- 2 ovos mexidos com cebola, tomate e folhas de manjericão (regar com azeite de oliva)

Refeição 2 (almoço)
- Peito de peru magro, picado
- Salada de espinafre com tomate-cereja, cenoura, palmito e cebola picada (regar com azeite de oliva)
- 1 colher (sopa) de mel puro, de boa qualidade

Refeição 3 (lanche da tarde)
- 250 ml de um bom shake de proteína, do sabor de sua preferência
- Uvas rubi sem sementes

Refeição 4 (jantar)
- 1 filé de tilápia grelhado, temperado com limão e cebola
- Salada de alface, rúcula, tomate-cereja e palmito
- 25 g de chocolate com 70% de cacau

Quinta-feira

Refeição 1 (café da manhã)
- 250 ml de um bom shake de proteína, do sabor de sua preferência
- Uma mão de castanhas-do-pará

Refeição 2 (almoço)
- Hambúrguer grelhado, de carne sem gordura, com cebola, cogumelos grelhados, alface, picles e tomate
- Purê de batata-doce
- Uma mão de castanhas-de-caju
- 1 maçã média

Refeição 3 (lanche da tarde)
- Iogurte grego sem gordura, com linhaça
- ½ melão picado

Refeição 4 (jantar)
- Frango ensopado com pimenta, cebola, cenoura e tomate
- 25 g de chocolate com 70% de cacau ou mais, de boa qualidade

Sexta-feira

Refeição 1 (café da manhã)
- 250 ml de um bom shake de proteína, do sabor de sua preferência
- Uma mão de nozes

Refeição 2 (almoço)
- 1 bife de filé-mignon, contra-filé ou alcatra, temperado com alho e cebola
- Salada de alface, espinafre, rúcula e tomate (regar com azeite de oliva)

Refeição 3 (lanche da tarde)
- 250 ml de um bom shake de proteína, do sabor de sua preferência
- 1 banana prata

Refeição 4 (jantar)
- 1 filé de linguado, temperado com azeite de oliva e ervas a gosto
- Salada de espinafre com pepino, cenoura e uvas verdes sem sementes
- ½ abacate regado com suco de limão
- Chá verde

Sábado

Refeição 1 (café da manhã)
- 250 ml de um bom shake de proteína, do sabor de sua preferência
- Uma mão com um mix de nozes, castanhas-de-caju e castanhas-do-pará

Refeição 2 (almoço)
Essa é a refeição pela qual você esperou a semana toda! Neste almoço, o cardápio é seu! Você pode preparar o que quiser em casa ou sair para almoçar fora naquele restaurante ou lanchonete que você tanto gosta! Sábado é o seu "dia de folga" da dieta, coma o que tiver vontade, com direito a sobremesa! Mas lembre-se: é só uma vez por semana!

Refeição 3 (lanche da tarde)
- Esse lanche da tarde também está liberado para você aproveitar a sua "folga" da **Dieta Dr. Rey**, mas você precisa comer em quantidade inferior à que você comeu no almoço, ok?

Refeição 4 (jantar)
- Frango picado com brócolis, cenoura e cebola, temperado com azeite de oliva e pimenta-do-reino moída na hora, a gosto
- 1 laranja

Domingo

Refeição 1 (café da manhã)
- 250 ml de um bom shake de proteína, do sabor de sua preferência
- 1 banana prata
- Uma mão de castanhas-de-caju

Refeição 2 (almoço)
- 250 g de picadinho de carne sem gordura (coxão mole, alcatra ou picanha) temperado com alho, cebola e pimenta-do-reino moída na hora
- Salada de tomate, cebola, cenoura e palmito picados (regar com azeite de oliva)
- 1 colher (sopa) de mel de boa qualidade

Refeição 3 (lanche da tarde)
- 250 ml de um bom shake de proteína, do sabor de sua preferência
- 1 maçã média

Refeição 4 (jantar)
- Omelete com 3 ovos e abobrinha ralada
- 150 g de peito de peru picado com cenoura e pimenta-do-reino moída na hora
- 1 laranja

> Um limão espremido
> em um copo com água,
> todos os dias,
> ajuda a diminuir
> a barriga.

10

Receitas Dr. Rey para sua dieta

PARA SEGUIR CORRETAMENTE A DIETA Dr. Rey você não precisa "passar fome" ou só comer alimentos e pratos com pouco ou nenhum sabor! São muitas as opções de pratos saborosos, saudáveis e que vão ajudar a manter o seu organismo funcionando bem, preservando sua saúde e sua beleza. As receitas a seguir são duas receitas simples, mas deliciosas (e de preparo muito fácil!). Divirta-se preparando e aproveite saboreando!

Receita 1

Salmão grelhado com salada

Ingredientes para preparar o salmão grelhado:
- 200 g de salmão em posta
- Sal marinho
- Limão
- Azeite de oliva extravirgem
- Salsinha picada

Modo de preparo do salmão:

Tempere o salmão à gosto, com pouco sal, azeite e algumas gotas de limão.

Coloque o azeite de oliva na frigideira e aqueça. Frite o salmão até ficar bem dourado dos dois lados.

Depois de pronto, salpique com salsinha picada para dar gosto e decorar.

Sirva imediatamente, acompanhado da salada.

Salada – acompanhamento

Ingredientes para preparar a salada:

- Cenoura ralada ou cortada em rodelas
- Brócolis
- Tomate-cereja
- Folhas de alface americana, roxa e crespa
- ¼ de xícara de nozes picadas
- azeite de oliva extravirgem
- sal (opcional)

Preparo da salada:

Misture os ingredientes em uma travessa e tempere com azeite de oliva. Se houver a necessidade de sal, coloque a menor quantidade possível. Salpique com as nozes.

Sirva acompanhado do filé, preenchendo 1/3 do prato com a carne e 2/3 com a salada.

Receita 2

Filé de frango grelhado com legumes cozidos

Ingredientes:
- 200 g de filé de peito de frango
- Sal
- Pimenta-do-reino moída na hora
- ½ limão

Modo de preparo do filé de frango:

Tempere o filé de frango com pouco sal, pimenta à gosto e algumas gotas de limão

Aqueça uma frigideira com azeite de oliva extravirgem e grelhe o filé dos dois lados, até dourar bem.

Legumes cozidos – acompanhamento

Ingredientes para preparar os legumes cozidos:
- 1 xícara (chá) de couve-flor
- 1 xícara (chá) de brócolis
- 1 cenoura em rodelas finas
- Folhas de alface
- 1 tomate em rodelas
- Ervas frescas picadas (salsa, orégano, tomilho, manjerona), opcional

Modo de preparo dos legumes cozidos:

Cozinhe os brócolis e a couve-flor no vapor ou em água fervente por 5 minutos.

Em uma frigideira, aqueça um fio de azeite de oliva, acrescente a couve-flor, os brócolis e a cenoura e refogue por 5 minutos.

Em um prato, espalhe as folhas de alface, o tomate e distribua os legumes. Coloque o frango e salpique com as ervas frescas (opcional). Sirva de modo que 1/3 do prato seja preenchido com o filé de frango e 2/3 com a salada e os legumes.

Receita 3

Bife com aspargos

Ingredientes

- 1 bife (200 g) de carne magra (filé-mignon ou outra de sua preferência)
- 3 xícaras de vegetais diversos
- 1 cenoura média
- 1 inhame pequeno
- 1½ talo de aipo
- 1 cebola roxa
- 2 tomates
- 1 pimenta-vermelha pequena
- sal e pimenta-do-reino moída na hora

Modo de preparo:

Coloque todos os ingredientes, exceto a carne, em um processador. Bata até triturar grosseiramente.

Grelhe o bife até dourar de ambos os lados. Tempere com pouco sal e pimenta-do-reino.

Aqueça os vegetais triturados e sirva para acompanhar a carne.

> Receita 4

Medalhão de filé-mignon

Ingredientes
- 1 medalhão de filé-mignon (200 g)
- 4 dentes de alho picados
- 4 colheres (chá) de alecrim seco esmagado
- 2 colheres (sopa) de azeite de oliva
- 1 cebola pequena, picada
- 500 g de aspargos
- 100 g de cogumelos
- 2 colheres (chá) de raspas de limão
- pimenta-do-reino moída na hora

Modo de preparo:

Alecrim com aroma amadeirado, alho e raspas de limão dão um toque de classe a este prato comum de carne e vegetais.

Marque os dois lados do medalhão em um padrão de diamante, fazendo cuidadosamente cortes diagonais profundos, com uma faca afiada, em intervalos de 2-3 cm. Esfregue metade do alho e metade do alecrim nos dois lados da carne e tempere com pimenta.

Aqueça metade do azeite em uma frigideira antiaderente em fogo médio-alto. Adicione a carne e doure, virando uma vez, por cerca de 4 minutos de cada lado, para ficar ao ponto. Transfira para um prato e cubra com papel-alumínio para manter aquecido.

Aqueça o restante do azeite na mesma frigideira. Adicione a cebola e doure, mexendo sempre, por 2 minutos. Junte o restante alho e refogue, mexendo sempre, até exalar o aroma, por cerca de 30 segundos. Coloque os aspargos e cogumelos e cozinhe, mexendo sempre, até que os aspargos fiquem macios e quase todo o líquido tenha evaporado, cerca de 5 minutos.

Misture as raspas de limão e o alecrim restante; tempere com pimenta. Corte a carne em fatias finas e sirva com os vegetais.

Receita 5

Salada de frango

Ingredientes
- 4 peitos de frango desossados e sem pele
- 1 xícara de iogurte natural
- ½ xícara de sementes de chia
- 1 xícara de cebola picada
- 1 xícara de pimentão vermelho picado
- 4 dentes de alho picados
- 2 colheres (sopa) de azeite de oliva
- 1 colher (sopa) de curry em pó
- pimenta-do-reino moída na hora, a gosto

Modo de preparo:
Inspirada na cozinha indiana, esta é uma maravilhosa refeição saudável para o coração.

Aqueça o azeite em uma frigideira grande em fogo médio. Adicione a cebola, o pimentão e o alho. Cozinhe, mexendo sempre, até os vegetais começarem a amolecer. Misture o curry em pó e continue cozinhando por cerca de 1 minuto.

Tempere o frango com pimenta e adicione à frigideira. Cozinhe, mexendo sempre, até a carne dourar por fora e ficar totalmente cozida por dentro.

Junte o iogurte e a chia, mexendo rapidamente para incorporar todos os ingredientes. Cozinhe por mais 3 minutos, mexendo até o molho ficar bem aquecido.

Receita 6

Camarão fácil

Ingredientes
- 2 tiras de bacon de peru
- 1 cebola picada
- ½ pimentão-verde picado
- 1 talo de aipo
- 1 dente de alho picado
- 1 lata de tomates sem pele
- 1 folha de louro
- pimenta-do-reino moída na hora, a gosto
- 1 colher (sopa) de molho inglês
- 1 colher (sopa) de molho de pimenta
- ½ kg de camarão médio, limpo e descascado
- suco de limão para regar

Modo de preparo:

Doure o bacon em uma frigideira antiaderente grande em fogo médio, até ficar crocante. Retire o bacon, coloque em um prato forrado com papel-toalha e pique assim que esfriar. Reserve a frigideira com a gordura.

Coloque a cebola, o pimentão e o aipo na frigideira reservada e refogue por 5 minutos ou até os vegetais ficarem macios. Junte o alho e cozinhe por 1 minuto.

Adicione os tomates, a folha de louro, a pimenta, o molho inglês e o molho de pimenta. Aqueça até ferver. Reduza o fogo para baixo e cozinhe por 20 minutos, até os tomates ficarem dissolvidos.

Junte o camarão e o bacon picado e cozinhe por 5 minutos, até o camarão ficar rosado. Retire e descarte a folha de louro antes de servir.

Regue o limão sobre a mistura, ajuste os temperos e sirva.

> Você não precisa passar fome
> para seguir a Dieta Dr. Rey.
> Você tem até um dia da semana
> para comer o que quiser,
> mas com moderação.

11
Exercícios físicos para complementar o seu programa de saúde

A DIETA DR. REY É um programa completo para você mudar a sua vida: emagrecer, manter o peso, obter preparo físico e ser feliz! Por essa razão, vamos complementar os seus conhecimentos para que você possa fazer uma mudança completa na sua vida, através da **Dieta Dr. Rey** — uma reeducação alimentar com o auxílio de exercícios e suplementação e que vai levantar a sua autoestima. Neste capítulo eu falo dos tipos de exercícios físicos que existem, suas vantagens e como usufruir deles.

Descobrimos nos anos 1960 e 1970 que os exercícios aeróbicos eram importantes para proteger o coração e os órgãos internos, em geral. Isso para nós, hoje, é óbvio, mas não parecia assim até aquela época. O maior nome por trás da difusão mundial da importância dos exercícios aeróbicos, corridas e caminhadas foi Jim Fixx, autor do livro *The Complete Book of Running* (Editora Random House, 1977). A ele é creditado o início da revolução fitness nos Estados Unidos e no mundo.

Veja um robô criado pelo ser humano. Quanto mais ele é usado, mais ele se desgasta, como o seu carro ou qualquer outra máquina, mas estamos falando da ciência de Deus, não a do ser humano. No que diz respeito ao nosso corpo, quanto mais usamos, melhor funcionamos. Pessoas sedentárias, que ficam sempre na frente da televisão, comendo, certamente vão "enferrujar" e morrer mais cedo! Nós fomos criados pela ciência de Deus. Quanto mais usamos o nosso corpo, melhor ficamos, tanto fisicamente quanto psicologicamente.

As vantagens da musculação vieram à tona durante os anos 1980 e 1990 e devemos grande parte do processo de divulgação dos seus benefícios a Arnold Schwarzenegger, ex-governador da Califórnia, ícone do cinema e um dos maiores fisiculturistas de todos os tempos.

Mais recentemente, no início do século XXI, aprendemos sobre alongamento — um tipo de exercício que estimula uma série de hormônios que param o seu relógio, ou seja, são substâncias capazes de retardar o processo de envelhecimento. Simples exercícios diários de alongamento são capazes de manter você jovem por muito mais tempo!

Caminhada é um exercício muito eficiente

Vamos começar falando de dois tipos de fibras musculares. Existe uma fibra grossa, vermelha, explosiva, e existe outro tipo de fibra muscular, branca, comprida e fininha. A fibra mais grossa serve para os momentos em que precisamos de explosão muscular, por exemplo, quando um cachorro enorme avança na sua direção! Nessa situação, você rapidamente dá um pulo para trás e foge do ataque do cão. Quando fazemos musculação, estamos atingindo a fibra mais grossa, geralmente de maneira anaeróbica. Já a fibra muscular mais fina e comprida — a fibra aeróbica — é estimulada por uma caminhada longa e não por exercícios de musculação.

Um dos fatores mais recorrentes da causa de óbito em milhões de homens e mulheres, no mundo todo, é o entupimento das artérias coronárias, no coração.

As artérias do corpo inteiro podem entupir, mas as do coração, em especial, são as mais letais. Qual é o maior benefício do exercício aeróbico? Ele faz o que chamamos de neovascularização. E o que é isso? Digamos que você tenha certo número de vasos sanguíneos em uma parte do corpo, como no coração, por exemplo.

O exercício aeróbico desenvolve elementos químicos que levam à criação de novos vasos e do aumento da capacidade de vasos já existentes. Isso também pode ser definido como aumento da circulação colateral. Ou seja, fazendo exercícios aeróbicos, o seu corpo cria vasos sanguíneos e aumenta a capacidade de vasos menores, compensando o entupimento de alguns vasos principais. Isso faz com que haja um aumento da distribuição de oxigênio por todos os tecidos do corpo, inclusive os cardíacos.

Eu sempre cito um dos lemas do Exército Americano: "simplify, simplify, simplify!" (simplifique, simplifique, simplifique!).

Hoje em dia, quase ninguém tem duas horas para ir à academia, treinar e voltar. Só de trânsito e deslocamento, você perde, no mínimo, uma hora nas grandes cidades! Caminhar perto de casa é um exercício eficiente que não atrapalha a sua rotina diária e evita que você perca mais tempo do que o normal, preso no trânsito!

Para auxiliar na sua caminhada, baixe um dos muitos aplicativos grátis para celular que contam os passos enquanto você caminha.

Em livros sobre vencedores, muitos autores citam a regra 10.000. Ela propõe que qualquer pessoa que pratique a mesma atividade por 10.000 horas, certamente desenvolverá um alto desempenho naquilo. Os melhores atletas, cientistas, médicos, advogados — seja qual for a atividade ou profissão —, seguem a regra dos 10.000. Então, eu quero que você tente atingir 10.000 passos por dia.

Se você tem a opção de pegar o elevador ou a escada, sempre escolha a escada. Quando eu fico em algum lugar, esperando alguma coisa, como quando estou no aeroporto, esperando para embarcar, eu nunca fico sentado, sempre caminho de um lado para o outro. Com isso, eu vou "acumulando" passos para chegar aos 10.000 diários, aproveitando ao máximo o meu tempo!

Você pode andar ou correr, mas na maioria das vezes, pessoas que saem do sedentarismo e começam a correr, acabam parando! Nesse caso, o melhor é já se acostumar com caminhadas, porque você não vai parar e esse é um hábito que vai mudar a sua vida! A sua meta tem que ser caminhar 10.000 passos por dia, mas, claro, eu quero que você faça uma caminhada constante, de preferência à noite, depois do jantar. Basta dar umas duas voltas ao redor do seu quarteirão. Se der para ir mais, ótimo! De qualquer forma, caminhar é um exercício que vai manter sua forma física sem sedentarismo, e ajudar seu organismo a liberar endorfina, a substância responsável pela alegria!

Musculação ajuda você a perder peso dormindo

Para começar, vamos deixar claro que vou tratar da musculação sem o auxílio de elementos sintéticos, as famosas "bombas". Vou falar sobre musculação feita naturalmente, somente com o auxílio de suplementos naturais — ervas como *tribulus terrestres*, *murapuama*, *horny goat weed*, cava, maca, enfim, há uma série de ervas que não apresentam riscos à saúde, como os anabolizantes.

O que é musculação? Musculação é um conjunto de exercícios feitos para aumentar a massa muscular, geralmente utilizando pesos, realizando poucas repetições e com o máximo de peso que você possa aguentar. Isso cria uma fibra muscular vermelha. Como já mencionei, a fibra vermelha é a grossa, diferente da fibra branca, que é mais comprida e fininha. A fibra fininha é a que você cria quando faz exercícios de longa duração, como uma maratona. Veja os maratonistas, eles são uns "palitos". A fibra vermelha é criada com a musculação, fazendo poucas repetições, com peso elevado e movimentos rápidos. Os *breaks* entre os *sets* são curtos, não chegando a um minuto. Esse tipo de exercício é o mais eficiente para dar volume aos músculos.

Ter músculos maiores ou mais tonificados é importantíssimo para a perda de peso. Para explicar melhor, eu costumo utilizar a seguinte analogia: imagine dois trens parados, lado a lado em uma estação, um enorme e outro pequeno, ambos com seus motores ligados. Mesmo parados, qual dos dois consome mais combustível? Certamente o maior, que tem um motor mais possante, é o que consome mais combustível, mesmo parado. A mesma coisa acontece com os músculos: quem tem músculos maiores ou mais tonificados vai queimar mais calorias durante o sono, perdendo peso! Enquanto você dorme, o seu organismo vai consumir mais gordura para manter os seus músculos. Resumindo: músculos nos homens e tônus nas mulheres provoca a queima de gordura durante o sono!

Quantos exercícios são necessários para desenvolver os músculos? Considere três para cada músculo que você quer aumentar. Três exercícios é o mínimo necessário para fazer crescer um músculo. Lembre-se: para cada exercício serão três séries com poucas repetições (o ideal são dez repetições), e o máximo de peso que você suportar — começando com pouco e aumentando gradativamente, conforme a sua capacidade, é claro. Os descansos entre as séries devem ser de, no máximo, um minuto. Ou seja, são três séries de dez repetições para cada exercício e você deve fazer três exercícios para cada músculo. Dessa forma, serão noventa repetições para fazer crescer cada músculo. Esse padrão de exercício para aumentar músculos é usado no mundo todo.

Outra lição para se obter os melhores resultados possíveis na musculação é trocar sempre os tipos de exercícios feitos para cada músculo.

Fazer crescer músculos não é fácil, pois não é natural para ninguém ter músculos muito grandes. Veja os índios, apesar de uma vida bem ativa na natureza, com um cotidiano de caça e coleta de alimentos, seus corpos não têm músculos desenvolvidos. Na verdade, esse é o ser humano normal, mas nós não queremos apenas isso!

Nós queremos músculos maiores e, para isso, o corpo humano precisa ser "chocado" frequentemente. Quando um músculo se acostuma com um determinado exercício feito regularmente, ele não se desenvolve mais da mesma forma. Mas se o exercício for alterado, ele imediatamente voltará a crescer. Portanto, troque frequentemente os exercícios que você faz!

O que acontece dentro do músculo? Com um peso maior do que estamos acostumados, nós traumatizamos a malha das fibras musculares, e realmente danificamos o músculo. Mas durante o sono, enquanto descansamos, o corpo repara esse dano, cicatrizando o local do músculo que foi danificado. Com isso, o músculo aumenta de volume à medida que vai sendo reparado pelo organismo. As cicatrizes normalmente são grossas, não são? Por isso o músculo cresce. Essa é a ideia, e como funciona do ponto de vista da fisiologia.

Agora eu vou falar um pouco sobre os *breaks*, o descanso entre cada série de repetições dos exercícios. Esse descanso precisa ser de um minuto ou menos. Se o músculo não tiver a oportunidade de se reparar, ele não vai crescer, você só vai causar dano, sem a "recompensa" de ficar maior.

Geralmente, as pessoas repetem a musculação da mesma parte do corpo duas vezes por semana, para que os músculos dessa área (braços, ombros, peito, pernas etc.) possam descansar, cicatrizar e crescer.

Apenas os exercícios abdominais podem e devem ser feitos diariamente. Isso evita aquela indesejável barriga enorme, com músculos grandes, o que necessitaria de fibras vermelhas, as fibras grossas. Nós queremos um abdômen definido, não grande. Para isso precisamos das fibras brancas, que são finas. Nos braços, glúteos, pernas, costas e peitos, queremos as fibras vermelhas, mais grossas, para dar volume. No abdômen, queremos a fibra branca, fina, para definir os músculos.

Para aumentar as fibras vermelhas, precisamos pegar peso pesado, e os exercícios devem ser feitos rapidamente, com poucas repetições. Na barriga, para desenvolver a fibra branca, que é a fininha, precisamos de pouco peso, com muitas repetições e exercícios feitos mais lentamente.

Em geral, a pessoa que levanta peso, depois de um ciclo de três dias, tira um dia para descansar. Então começa tudo novamente. Eu acho que é muito descanso! Eu tiro um dia por semana e como sou uma pessoa de Deus, uma pessoa religiosa, o meu descanso é sempre aos domingos. Meu conselho é que você tire um dia para descansar de acordo com a sua crença, sua religião. Os judeus e os adventistas, por exemplo, têm o dia de descanso no sábado; já a grande maioria dos cristãos, descansa aos domingos. Bom, essa é somente uma sugestão de quem realmente se importa com o que está nas Escrituras! De qualquer forma, você pode escolher o dia que quiser para o seu descanso!

Aumentar o tamanho da massa muscular é um trabalho construtivo. Vamos usar a construção para uma analogia. Não há como erguer uma casa de alvenaria com tijolos, madeira e ferro sem utilizar a massa de cimento. Sem isso você não vai construir nada! Não adianta fazer a musculação da maneira correta e não ingerir proteína animal. Sem a proteína animal é praticamente impossível ganhar volume muscular. Para proteger os ligamentos e tendões, você precisa de elementos do tecido conectivo — frutas, verduras e as vitaminas A, D E, K e C. Essas vitaminas são encontradas nos vegetais e o organismo precisa da proteína animal para os músculos.

O nosso alvo são 200 g de proteína animal por dia. Além disso, você precisa dormir. Se você não dormir ao menos 7-8 horas por noite, não vai ter o mesmo resultado na musculação. Sem dormir adequadamente, os músculos não vão crescer como poderiam e parte do seu esforço na academia vai se perder. Além disso, o sono tem uma relação direta com a gordura no corpo. Pela fisiologia humana, quem dorme menos de 7 horas por noite engorda com mais facilidade e tem dificuldade para perder peso. Por sua vez, quem dorme exageradamente, bem mais de 8 horas por noite, também tem probabilidade de engordar e dificuldade para perder peso.

Alongamento e flexibilidade – exercícios que mantêm a juventude

Agora vamos falar um pouco sobre alongamento e flexibilidade e a importância desse tipo de exercício para a sua saúde.

Na última década, descobrimos que exercícios de alongamento, e os que envolvem todo o espectro de flexibilidade, criam certos hormônios, elementos químicos naturais, que ajudam a "parar" o relógio biológico.

Para mim, um grande exemplo do que o alongamento pode fazer pelo corpo de uma pessoa é o meu mestre de Taekwondo em Los Angeles, Jung Chong. Ele tem mais de 70 anos, mas seu corpo é "enxuto" como o de um rapaz de 22 anos. E nós vemos esse mesmo tipo de coisa em muitas academias de Taekwondo e outras artes marciais, por todo o mundo: pessoas mais velhas com corpo jovial, pois praticam alongamento e flexibilidade.

Então, não se esqueça de incorporar à sua **Dieta Dr. Rey**, todos os dias, no mínimo de 5 a 10 minutos de alongamento. Eu faço diariamente todos os meus exercícios de flexibilidade de Taekwondo, exceto aos domingos, que para mim é o dia de Deus, dia de descanso. É claro que se você tiver mais tempo, faça mais exercícios de flexibilidade. Eles ajudam a prevenir lesões musculares e dos ligamentos, retardam o envelhecimento e, também, na sua velhice, a flexibilidade é um dos principais fatores que previnem quedas e suas consequências, como fraturas e até traumas piores.

Associados aos 206 ossos do corpo humano, nós temos muitos ligamentos e os músculos. Então, não é um ou dois movimentos que serão suficientes para um bom alongamento. Eu venho de uma tradição de luta e flexibilidade, que faz parte do Taekwondo, mas as técnicas orientais de alongamento podem ser encontradas no currículo de outras artes marciais como o Kung Fu, o Karatê japonês e mais de 1.500 outras modalidades em todo o mundo. No universo das artes marciais, temos um programa próprio para alongar o corpo inteiro, da ponta dos dedos dos pés até o pescoço. Minha sugestão é que você faça aulas de artes marciais ou aulas de alongamento em academias de ginástica. A prática de ioga também é uma boa opção.

Academias de ginástica – onde é melhor para treinar?

Eu prefiro ter uma pequena academia em casa, porque posso sair da cama e já começar o dia fazendo meus exercícios. Quando treinamos fora, precisamos de uma dose maior de energia de ativação (*activation energy*), que eu acho a pior parte do exercício! É a energia ou disposição que você precisa para vestir a roupa de ginástica, dirigir para a academia, suportar o trânsito e ainda aguentar a reclamação da sua esposa ou do seu marido por você não ficar em casa. Para evitar tudo isso, eu criei na minha garagem uma pequena academia. Eu já faço isso há muitos anos, desde quando não tinha muitos recursos financeiros. Mas como eu viajo muito, acabo treinando mais em academias do que em casa!

Eu comprei um aparelho chamado "máquina universal", que permite fazer todos os principais exercícios de musculação. Mas se você não puder treinar em uma academia ou adquirir aparelhos, você pode improvisar com pesos pequenos. Com esses pesos, você pode treinar vários músculos, como bíceps, tríceps e até outras partes do corpo, como costas, na região lombar, dentre outros. As barras com pesos de 2, 5 e 10 quilos possibilitam fazer quase todos os exercícios mais importantes da musculação. Agora, se você tiver como frequentar uma boa academia, não deixe de ir e aproveitar ao máximo todos os recursos que estiverem à sua disposição.

> Exercícios físicos
> são um milagre
> que Deus colocou
> ao nosso alcance.

Sobre os autores

Dr. Robert Rey

Dr. Robert Rey é cirurgião plástico, brasileiro, radicado nos Estados Unidos. Formado em Química pela Arizona State University e Medicina pela Tufts University, com especialização em Cirurgia Geral e residência na University of Tennessee, especialização e residência em Cirurgia de Trauma na University of California — Los Angeles — UCLA, e especialização em Medicina Plástica Estética e Reconstrutiva na Harvard University.

Vivendo nos Estados Unidos desde os 12 anos de idade, Dr. Rey se tornou famoso pela sua atuação em Hollywood e Beverly Hills, realizando cirurgias em grandes astros e estrelas internacionais.

Já realizou mais de 33 mil cirurgias e nos seus procedimentos destacam-se sua "cicatriz invisível", técnica de elevação de seios sem prótese e cirurgia de aumento de seios e abdominoplastia com poucas incisões. É um dos precursores na utilização de células-tronco em cirurgias plásticas.

Protagonizou dois *realities shows* de grande sucesso mundial, produzidos nos Estados Unidos, com destaque para o "Dr. 90210", ou "Dr. Hollywood", como ficou conhecido no Brasil. Nos Estados Unidos, o programa foi exibido no canal *Entertainment E!*, e posteriormente foi exibido em 173 países. Cada episódio do "Dr. 90210" era assistido, em média, por 370 milhões de pessoas no mundo todo. Sua mais recente produção "Celebrity Plastic Surgeons of Beverly Hills" foi transmitida pela *Netflix* para 75 países.

Por cinco anos, Dr. Rey foi correspondente médico do canal CBS, dos programas *Entertainment Tonight* e *The Insider*. No Brasil, atuou como comentarista médico na *Rede TV!* e *Band*, além de ser convidado recorrente em programas de todas as emissoras.

Atualmente, Dr. Rey atende consultas e realiza cirurgias nos estados da Califórnia e Flórida, nos Estados Unidos, sendo um dos cirurgiões plásticos mais concorridos do mundo e, certamente, o mais conhecido, por sua grande exposição na mídia.

Como empresário, tem muitos produtos licenciados com seu nome e marca, além de uma rede de clínicas estéticas licenciadas no Brasil. No mercado publicitário brasileiro e americano, empresta sua credibilidade para marcas e produtos.

Dr. Robert Rey também se tornou um fenômeno na internet. Seu canal no Youtube já conta com mais de um milhão de inscritos e mais de 50 milhões de visualizações.

Como médico e entusiasta da boa forma física e vida saudável, Dr. Rey não mede esforços — pratica diariamente Taekwondo, sendo faixa preta 2º dan, além de treinar musculação, atividades aeróbicas e muito alongamento. Criou a **Dieta Dr. Rey** baseada nos seus estudos e treinamento médico, mas incluiu sua experiência como praticante de artes marciais e de exercícios físicos. No seu canal do Youtube, assim como neste livro, dá dicas importantíssimas para que as pessoas possam perder peso, manter a forma e levar uma vida mais saudável. Somente um de seus vídeos, que trata da **Dieta Dr. Rey**, já teve cerca de três milhões de visualizações.

Coautor: Eduardo Infante

Eduardo Infante é editor, escritor, administrador de empresas formado pela PUC–São Paulo e Publicidade pela FAAP–São Paulo. É mestre, faixa preta 5° dan de Taekwondo, treinado pelo introdutor do Taekwondo no Brasil, mestre Sang Min Cho e pelos mestres Yeo Jun Kim e Yeo Jin Kim, na Academia Liberdade, a primeira academia de Taekwondo do Brasil.

Como escritor, já escreveu ou participou da produção de livros sobre artes marciais, como *Taekwondo Fundamental* e *Mestre Sang Min Cho – a vida do introdutor do Taekwondo no Brasil*. Além disso, escreveu e participou da produção de livros biográficos como *Alemanha 1938 – um militar brasileiro e sua família na Alemanha nazista*, *Bellini – o primeiro capitão campeão* e *Dr. Rey – o brasileiro que se tornou o Dr. Hollywood*.

Como mestre de Taekwondo, atuando na Academia Liberdade, Eduardo Infante mantém a tradição do Taekwondo tradicional, que prioriza a disciplina, filosofia, defesa pessoal, técnicas mais elaboradas, além de grande foco no preparo físico, especialmente com treinos de grande intensidade aeróbica, voltados para explosão muscular.

Sua especialidade dentro do Taekwondo são demonstrações e apresentações de *poomse*, formas tradicionais que devem ser executadas dentro dos padrões exigidos pela World Taekwondo Federation, com sede na Coreia do Sul. Neste quesito, Eduardo já foi medalhista e campeão do mais importante campeonato de Taekwondo realizado no Brasil, o Brasil Games.

Como autor de várias obras, Eduardo Infante esteve presente na mídia, em matérias de vários jornais e revistas, além de participações em programas de entrevistas na TV, como os de Jô Soares e de Ronnie Von, entre outros.